Investieren für Anfänger:

Wie Sie langfristig durch Aktien und P2P Kredite ein Vermögen aufbauen und finanziell frei werden.

Aktien für Anfänger

Wie Sie richtig an der Börse investieren und sich langfristig ein Vermögen aufbauen. Der leichte Einstieg in den Handel mit Aktien.

Mathias Bank

Inhaltsverzeichnis

Einleitung

„Die Börse heißt in Frankreich „la bourse" und auch in der deutschen Sprache ist sie weiblich. Sie ist und bleibt weiblich, unergründlich, unberechenbar, launisch, von Gefühlen und Neuigkeiten stark abhängig, aber auch ganz besonders faszinierend."

Wir leben in schwierigen Zeiten für Sparer. Jahrzehntelang haben die Deutschen ihr Geld am liebsten in Lebensversicherungen, Sparbüchern und fest verzinsten Sparverträgen angelegt, obwohl man die ganze Zeit über an den Aktienmärkten wesentlich mehr aus seinem Geld machen konnte. Jetzt sieht es ganz so aus, als wenn diese Zeiten für lange Zeit vorbei sein könnten. Denn wer jetzt sein Geld noch auf dem Sparbuch oder auf dem Tagesgeldkonto liegen hat, verliert mit jedem Tag bares Geld. Die Zinsen liegen bei nahe Null, so dass man davon ausgehen kann, das Geld auf einem Sparkonto nach Abzug der Inflation mit jedem Tag weniger wert ist anstatt mehr. Wer heute noch ein Vermögen ansparen will, hat gar keine andere Wahl, als sich am Aktienmarkt zu betätigen.

Nur dort lassen sich im gegenwärtigen, für Anleger äußerst schwierigen Umfeld, überhaupt noch nennenswerte Gewinne erwirtschaften. Viele Menschen fürchten allerdings den Einstieg in den Aktienmarkt. Besonders Deutschland ist traditionell kein Aktienland und viele Menschen scheuen davor zurück, sich an der Börse zu betätigen – ganz im Gegensatz zu den USA und vielen europäischen Ländern. Natürlich ist der Börsenhandel nicht völlig frei von Risiken, das soll hier an dieser Stelle auf gar keinen Fall verschwiegen werden. Es ist richtig, es haben schon viele Leute Geld an der Börse verloren. Diese Fehler sind aber fast immer auf mangelndes Wissen und mangelnde Kenntnisse zurückzuführen. Wer sich als Anfänger blindlings ins Geschehen stürzt und Aktien auf den bloßen Rat von Bekannten oder Zeitungsartikeln kauft, ohne zu wissen, was er dort eigentlich macht, der hat natürlich ein hohes Risiko zu scheitern.

Wer sich aber im Vorfeld das nötige Fachwissen aneignet und dann risikobewusst und kompetent an der Börse agiert, der wird auch auf kurz oder lang erfolgreich sein. Aktien sind seit Jahrzehnten die lukrativste Anlageform mit der höchsten Jahresrendite und es sieht ganz so aus, als wenn sich daran auch im Zeichen der Finanzkrise sobald nichts ändern wird.

Nach der Lektüre dieses Buches werden Sie zwar nicht über Nacht zu einem zweiten Warren Buffett oder André Kostolany. Um so erfolgreich zu werden braucht es natürlich jahrelange Erfahrung und Übung. Der Erfolg stellt sich auch an der Börse nicht über Nacht ein, sondern ist immer ein Produkt von viel Beharrlichkeit, Ausdauer und dem Willen dazuzulernen. Was dieser Ratgeber Ihnen jedoch vermittelt, ist ein solides Grundwissen im Bereich des Börsenhandels. Sie erhalten das Rüstzeug, auf dem Sie Ihre künftige Karriere als Aktienanleger aufbauen können. Auch Sie können zu den Anlegern gehören, die erfolgreich an der Börse ihr Vermögen vermehren. Dieses Buch vermittelt Einstiegswissen und kann weiterführende Börsenliteratur nicht ersetzen. Wenn Sie dieses Buch durchgearbeitet haben und Ihre ersten Erfolge im Aktienhandel erzielt haben, sollten Sie unbedingt in Ihre weitere Ausbildung investieren und sich einige weitere gute Fachbücher zum Thema Aktienhandel besorgen und diese nach bestem Wissen und Gewissen durcharbeiten.

1. Aktien, Fonds oder ETFs?

„Es ist bei weitem besser, ein herausragendes Unternehmen zu einem anständigen Preis zu kaufen, als ein anständiges Unternehmen zu einem herausragenden Preis."
(Warren Buffett)

Schauen wir uns zunächst einmal an, welche Wertpapiere für Sie beim Aktienhandel überhaupt in Frage kommen. Wir können zunächst einmal grob zwischen Einzelaktien und zwischen Fonds unterscheiden. Eine Aktie ist ein Anteilsschein an einem einzelnen Unternehmen. Sie werden durch den Kauf quasi zum Miteigentümer. Wenn das Unternehmen Gewinne erwirtschaftet, kann es sein, dass eine Dividende, eine Gewinnausschüttung an die Aktionäre erfolgt. Sie können sich dann über eine Dividendenzahlung freuen. Ein anderer Weg, um von Aktien zu profitieren, sind Kurssteigerungen. Steigt eine Aktie, die Sie gekauft haben im Kurs, haben Sie die Möglichkeit, die Aktie zu einem späteren Zeitpunkt wieder mit Gewinn zu verkaufen. Allerdings kann der Aktienwert auch fallen, so dass ein gewisses Verlustrisiko nicht von der Hand zu weisen ist. Andererseits können Sie mit Aktien enorme Gewinne erwirtschaften, wenn Sie Aktien des richtigen Unternehmens zum richtigen Zeitpunkt kaufen. Wer Anfang der neunziger Jahre in Microsoft investiert hat, kann sich heute über gewaltige Kurssteigerungen freuen. Auch Unternehmen wie Google oder Apple haben ihren Aktienwert binnen eines Jahrzehnts vervielfacht.

Bei Aktienfonds sieht die Sache anders aus: Hier investieren Sie in Anteile an einer Fondsgesellschaft, die ihrerseits in eine Auswahl an verschiedenen Aktien investiert. Sie beteiligen sich also quasi an einem Korb mit Aktien verschiedener Unternehmen. Der Fonds wird von einem Fondsmanagement verwaltet, das versucht, mittels verschiedener Anlagestrategien für eine möglichst gute Wertentwicklung des Fonds zu sorgen, die im Idealfall deutlich über der Durchschnittsrendite am Aktienmarkt liegen sollte. Für diese aktive Verwaltung entstehen allerdings Verwaltungskosten, die den Gewinn schmälern. Fonds haben gegenüber der Investition in Einzelaktien den Vorteil, dass das Risiko eines Totalausfalls oder eines starken Wertverlustes deutlich geringer ist als beim Kauf von einzelnen Aktien. Wenn Sie die Fondsanteile wieder verkaufen wollen, werden die Anteile in der Regel direkt an die ausgebende Fondsgesellschaft zurückverkauft. Für den Kauf eines solchen Fondsanteils wird eine Gebühr erhoben, der sogenannte Ausgabeaufschlag, der bei vielen Fonds durchaus mehrere Prozent betragen kann.

Eine Besonderheit sind die sogenannten ETFs, Exchange Traded Funds. Hier handelt es sich ebenfalls um Fonds, die aber aktiv an der Börse gehandelt werden. Sie haben meist kein aktives Management sondern beschränken sich darauf, ein bestimmtes Marktsegment 1:1 nachzubilden, zum Beispiel den DAX, den M-DAX oder den Dow-Jones-Index. Weil ETFs nicht aktiv gemanagt werden, entfallen die Verwaltungsgebühren, die bei herkömmlichen Fonds erhoben werden.

1.1. Fonds oder Aktien – Die richtige Auswahl

Sind Aktien oder Aktienfonds die richtige Anlageform für Sie? Bestimmen Sie, welcher Anlagetyp besser für Sie geeignet ist.

1. In welcher Sparphase befinden Sie sich?

Je jünger Sie sind, desto mehr Zeit haben Sie für den Vermögensaufbau und desto leichter ist es, auch mit kleinen Beträgen über einen längeren Zeitraum ein beachtliches Ergebnis zu erzielen. Bei Arbeitnehmern fördert der Staat zudem das Ansparen von Vermögen für die Altersversorgung in Form der Vermögenswirksamen Leistungen (VL). Je jünger Sie sind, desto geringer ist meistens der monatliche Betrag, der für die Geldanlage zur Verfügung steht. Sind Sie hingegen schon etwas älter, dann ist der verbleibende Zeitraum bis zur Rente wesentlich kürzer, so dass höhere monatliche Anlagesummen und eine höhere Rendite nötig sind, um das gleiche Ergebnis zu erzielen wie mit der kleinen Geldanlage in jüngeren Jahren.

Generell kann man sagen, dass für junge Menschen mit geringerem Einkommen der Aktienfonds die bessere Wahl ist, da es hier schon möglich ist mit kleinen Beträgen ab 25 Euro/monatlich in Sparpläne zu investieren. Beim Kauf von Einzelaktien statt Fonds machen solche geringen Summen keinen Sinn. Wenn Sie einen größeren Einzelbetrag statt einer monatlichen Rate anlegen wollen, so können Sie ebenfalls schon ab 1.000 Euro in die meisten Aktienfonds investieren. Bei Einzelaktien würden solche geringen Summen wiederum keinen Sinn machen – schon wegen der Gebühren beim An- und Verkauf. Fonds haben zudem den Vorteil, dass das Risiko durch die breite Auswahl an verschiedenen Aktien bereits stark gestreut ist, so dass die Wahrscheinlichkeit eines Verlustes soweit wie möglich minimiert wurde. Mit einem kleinen Betrag von wenigen tausend Euro ist es unmöglich, ein Aktienportfolio in gleichem Maße zu diversifizieren, wie das bei einem Fonds bereits von Haus aus der Fall ist. Anleger in jungen Jahren haben dafür in der Regel weder ausreichend Kapital noch hinreichende Fachkenntnisse, so dass in der frühen Sparphase nach dem Berufseintritt in der Regel der Fonds die bessere Wahl ist.

Anders ist die Situation in einem fortgeschritteneren Alter. Bei Anlegern um die 40 Jahre steht meistens deutlich mehr Geld zur Verfügung. Sie können größere Summen investieren und können es sich leisten, ein größeres Risiko einzugehen. Mit einem Startkapital von 50.000 Euro und mehr macht es durchaus Sinn, in Aktien zu investieren. Mit einem Anlagebetrag dieser Größenordnung ist es schon möglich, eine gewisse Streuung zu realisieren und ein Aktiendepot aus mehreren verschiedenen Titeln aufzubauen. Zum Beispiel könnte ein Anlagebetrag von 50.000 Euro in ein Aktienportfolio von zehn verschiedenen Aktien aufgeteilt werden, wobei auf jede Einzelaktie ein Wert von 5.000 Euro entfallen würde. Damit lässt sich bereits eine gute Risikostreuung realisieren.

2. Sind Sie passiver oder aktiver Investor?

Zu welchem Investorentyp gehören Sie? Der passive Investor möchte sich so wenig wie möglich mit seiner Geldanlage befassen müssen. Für ihn sind Aktienfonds darum das Mittel der Wahl. Es wird ein fester monatlicher Betrag in den Fonds eingezahlt und der Anleger muss sich um alles weitere keine Gedanken machen, da das Fondsmanagement die Anlageentscheidungen trifft und die Aktien auswählt, die von den Fondsanteilen erworben werden.

Sind Sie ein aktiver Investor, so möchten Sie nach Möglichkeit alle wichtigen Entscheidungen selbst treffen und selbst auswählen, welche Aktien Sie zu welchem Preis kaufen oder verkaufen. Sie treffen alle Entscheidungen selbst und tragen somit auch das volle Risiko ihrer Anlageentscheidungen. Für den aktiven Investor ist die Anlage in Einzelaktien besser geeignet. Das Risiko ist größer, aber auch die Gewinnchance, sofern Sie mit Ihrer Anlagestrategie richtig liegen.

2. Die idealen Aktien für den Einstieg

*„Ich kann Ihnen nicht sagen, wie man schnell reich wird;
ich kann Ihnen aber sagen, wie man schnell arm wird:
indem man nämlich versucht, schnell reich zu werden."*
(André Kostolany)

Jeder hat mal klein angefangen und der Anfang ist bei allem immer
das Schwerste: Wenn Sie am Aktienmarkt starten, kommt es für den
Anfang vor allem darauf an, dass sie sich die richtigen Aktien aussuchen. Nicht alle Aktien sind für Anfänger gleichermaßen geeignet und
es gibt bestimmte Aktien, von denen Sie als Anfänger auf jeden Fall
noch die Finger lassen sollten.

**Wählen Sie Ihre ersten Aktien vor allem nach den folgenden Ge-
sichtspunkten aus:**

* Hohe Handelsumsätze: Entscheiden Sie sich für Aktien, von
denen an der Börse hohe Volumen gehandelt werden.

* Wählen Sie leicht handelbare Aktien, für die sich am Markt
jederzeit Käufer finden lassen.

* Wählen Sie für den Anfang keinen zu langen Anlagehorizont.

* Achten Sie auf die Kennzahlen.

* Verfolgen Sie das aktuelle Weltgeschehen in den Nachrichten
und halten Sie sich über die aktuellen Ereignisse auf dem Lau-
fenden.

Je höher die Handelsumsätze einer Aktie sind, desto mehr Bewegung
ist im Kurs. Wenn es große Ankaufs- und Verkaufsbewegungen
gibt und große Summen Geld in die Aktie hinein- und wieder
herausfließen, verursacht das entsprechende Kursschwankungen, die
Sie zu Ihren Gunsten im Rahmen einer kurzfristigen Anlagestrategie

nutzen können. Mit Aktien großer Unternehmen können Sie in diesem Zusammenhang nichts falsch machen. Werte wie Google, Microsoft, Volkswagen oder andere Big Player fallen in diese Kategorie. Gleichzeitig können Sie sicher sein, dass es sich bei diesen Aktien nicht um sogenannte „marktenge" Titel handelt.

Aktien mit einem hohen Handelsvolumen sind gleichzeitig leicht handelbare Aktien, die man jederzeit auf dem Markt verkaufen kann, weil sich mit Sicherheit jederzeit Käufer dafür finden. Es gibt sogenannte marktenge Titel, bei denen das völlig anders aussieht. Diese Aktien werden nur von wenigen Marktteilnehmern gehandelt und es ist keineswegs sicher, dass es jederzeit möglich ist, für diese Papiere einen liquiden Käufer zu finden. Als Anfänger sollten Sie immer auf Nummer sicher gehen und sich stattdessen für Aktien mit einem hohen Handelsvolumen und einer guten Handelbarkeit entscheiden.

Es macht durchaus Sinn, wenn Sie sich bei der Auswahl Ihrer ersten Aktien an ähnliche Grundsätze halten wie der milliardenschwere Investor Warren Buffett: Kaufen Sie nur Aktien von Firmen, deren Geschäftsmodell krisenfest ist und deren Geschäft Sie verstehen. Investieren Sie nicht in Aktien von Firmen aus Branchen, von denen Sie absolut nichts verstehen. Kaufen Sie (noch) keine Aktien von Firmen aus exotischen Ländern, von denen Sie kein Hintergrundwissen über die lokalen Gegebenheiten haben. Für den Anfang sollten Sie sich an Aktien von Big Playern aus Nordamerika oder Europa halten. Eine gute Wahl sind Aktien aus dem Konsumgüterbereich.

3. Investieren in Aktien – Vor- und Nachteile

„Das Geheimnis des Börsengeschäfts liegt darin, zu erkennen, was der Durchschnittsbürger glaubt, dass der Durchschnittsbürger tut."
(John Maynard Keynes)

Jedes Investment hat seine ganz spezifischen Vor- und Nachteile. Bevor Sie Ihr Geld an der Börse anlegen und in Aktien investieren, sollten Sie sich genau über die Vor- und Nachteile dieser Anlage im Klaren sein. Die Geldanlage in Aktien bietet viele Vorteile und die Chance auf einen deutlich erhöhten Betrag gegenüber anderen Anlageformen, ganz besonders im derzeitigen Umfeld mit extrem niedrigen Zinsen auf Bankanlagen aller Art.

Andererseits haben Aktien auch ihre Nachteile, die an dieser Stelle nicht verschwiegen werden sollen.

Wir werden hier die Vor- und die Nachteile einander gegenüberstellen und Sie können dann selbst entscheiden, ob die Anlage in Aktien das Richtige für Sie ist. Die Entscheidung, ob Aktien die richtige Anlage für Sie sind, kann Ihnen letztlich niemand abnehmen. Hören Sie dabei auch auf Ihr Bauchgefühl. Wenn Sie sich mit Aktien als Geldanlage einfach nicht wohl fühlen, dann ist es besser, wenn Sie sich nach einer anderen Anlageform umsehen.

3.1. Die Vorteile eines Investments in Aktien

Es gibt eine fast unendliche Auswahl an deutschen europäischen und weltweiten Aktien. Sie können sich Ihr ganz persönliches Aktienportfolio zusammenstellen und dieses jederzeit an ihre Bedürfnisse anpassen. Sie können mit Aktien gleich auf zweierlei Weisen Gewinn erwirtschaften: Sie können Dividendengewinne erzielen oder von Kursgewinnen profitieren. Oder im Idealfall von beidem zusammen.

Aktien sind deutlich ertragreicher als die meisten anderen Anlagen. Jahresrenditen von 12% sind ohne Weiteres möglich, auch wenn es selbstverständlich auch mal Jahre mit geringeren Renditen gibt. Dennoch kann man guten Gewissens sagen, dass Aktien zu den ertragreichsten Anlageformen gehören.

Der Aktienmarkt ist hochliquide. Sie können Aktien innerhalb von wenigen Minuten jederzeit wieder zu Geld machen. Im Gegensatz zu Immobilienanlagen haben Sie bei Aktien nach einem Verkauf das Geld binnen Minuten auf Ihrem Konto. Wenn Sie eine Immobilie verkaufen, kann es ohne Weiteres vier bis acht Wochen dauern, bis der Kaufpreis auf Ihrem Konto eintrifft. Und Sie können davon ausgehen, für Ihre Aktien jederzeit einen Käufer zu finden. (Von wenigen Ausnahmefällen extrem marktenger Aktien einmal abgesehen.)

3.2. Die Nachteile des Aktieninvestments

Alles im Leben hat außer Vorteilen auch Nachteile. Diese Binsenweisheit gilt auch für Aktieninvestments. Schauen wir uns die Nachteile eines Aktieninvestments genauer an.

Wie wir schon festgestellt haben, ist der Aktienmarkt ein hochliquider Markt, in dem viel Geld hin- und herfließt. Das hat zur Folge, dass es bei Aktien relativ starke Kursschwankungen gibt. Diese Kursschwankungen können sich unter günstigen Bedingungen zwar auch zu Ihren Gunsten auswirken, sie können aber auch binnen kurzer Zeit zu großen Verlusten führen. Die starken Preisschwankungen (Volatilität) am Aktienmarkt erschweren es den Anlegern, den richtigen Ein- und Ausstiegszeitpunkt zu finden.

Sie müssen bei Aktienanlagen immer über das aktuelle Marktgeschehen informiert bleiben, wenn Sie nicht einen extrem langen Anlagehorizont gewählt haben. In diesem Fall können Sie kurzfristige Kursschwankungen natürlich außer Acht lassen. Ansonsten gilt, dass Sie sich mit Ihrem Portfolio regelmäßig befassen müssen, um erfolglose Aktien gegen erfolgreichere auszutauschen, und Ihre Gewinne von Zeit zu Zeit zu realisieren. Im Gegensatz zu einer reinen Fondsanlage ist ein Aktiendepot eben nicht „wartungsfrei". Während sich bei einer Fondsanlage das Fondsmanagement um die Pflege des Depots kümmert, müssen Sie diese Leistung bei einer reinen Aktienanlage selbst erbringen

3.2.1. An der Börse kann man auch verlieren

Lassen Sie sich nicht von Schlaumeiern weismachen, dass man an der „Börse nur gewinnen" kann. Das entspricht leider nicht der Wahrheit. Sie können an der Börse auch Verluste machen, und zwar in beträchtlicher Höhe. Wenn Sie als blutiger Anfänger versuchen, ohne Hintergrundwissen und Erfahrung und ohne eine Anlagestrategie an der Börse Geld zu verdienen, so wird das wahrscheinlich dazu führen, dass Sie Ihren Einsatz schon nach kurzer Zeit verzockt haben.

Wenn Sie allerdings erst einmal gelernt haben, wie man Marktbewegungen interpretiert, welche Nachrichten wirklich wichtig sind, werden Ihnen solche Fehler nicht mehr unterlaufen.

Sie müssen sich jederzeit der Risiken und Gefahren bewusst sein, die die Börse nun einmal bereithält. Machen Sie es wie die Superreichen (z. B. Warren Buffett): Wenn Sie die Aktie eines Unternehmens kaufen, dann betrachten Sie diese Aktie nicht nur als bloße Handelsware, sondern als Beteiligung an dem Unternehmen. Stellen Sie sich die Frage: Haben Sie Vertrauen zu dem Geschäftskonzept des Unternehmens? Verstehen Sie, was das Unternehmen macht und womit es sein Geld verdient? Nur wenn Sie diese Fragen positiv beantworten können, sollten Sie die Aktien eines Unternehmens kaufen.

Unterm Strich überwiegen die Vorteile eines Aktieninvestments bei weitem die Nachteile. Das gilt ganz besonders in der gegenwärtigen besonderen Situation, wo praktisch alle Staaten überschuldet sind, das

Zinsniveau weltweit gegen Null tendiert und es kaum noch möglich ist, außerhalb der Aktienmärkte noch Anlageformen zu finden, mit denen Sie wenigstens die Inflation ausgleichen können. Praktisch alle festverzinslichen Bankanlagen, die derzeit auf dem Markt verfügbar sind, produzieren nach Abzug der Inflationsrate Verluste. Wer heute noch sein Geld auf dem Tagesgeldkonto parkt, vermeidet zwar die Risiken des Aktienmarktes, macht aber trotzdem jedes Jahr Verlust, weil der aktuelle Zinssatz nicht einmal ausreicht, um die Inflation auszugleichen.

4. Fundamentalwerte

„Wenn jemand gute Aktien hat, wäre er verrückt, wenn er nur wegen eines Kursrückschlags verkaufen würde. Ich suche Unternehmen, die ich verstehe und von deren Zukunftsaussichten ich überzeugt bin." (Warren Buffett)

Es gibt grundsätzlich zwei verschiedene Ansätze, um eine Aktie zu analysieren und ihre Erfolgsaussichten zu beurteilen. Zum einen die Technische Analyse und zum anderen Die Fundamentalanalyse, mit der wir uns jetzt befassen werden, Als guter Investor sollten Sie beide Arten beherrschen.

Bei der Fundamentalanalyse geht es um das große Ganze, um handfeste ökonomische Fakten. Die Wirtschaft, die Politik, ganze Wirtschaftszweige und einzelne Unternehmen werden beobachtet und betrachtet. Ziel ist es natürlich, Prognosen über künftige Kursentwicklungen aufzustellen.

Beim Beurteilen von Unternehmen achtet man besonders auf die wirtschaftlichen Rahmendaten: Das Wachstum der Unternehmen in der Vergangenheit, die Erfolgsaussichten in der Zukunft usw. Ziel ist es, einen fairen Wert für die gehandelten Aktien zu ermitteln. Aktien sind oft über- oder unterbewertet, d. h. die Aktie ist entweder in Relation zum tatsächlichen Unternehmenswert zu teuer – man spricht dann von einer überbewerteten Aktie. Oder eine Aktie ist im Vergleich zum tatsächlichen Unternehmenswert zu billig, in dem Fall sprechen wir von einer unterbewerteten Aktie.

Eine unterbewertete Aktie eröffnet natürlich Chancen auf eine Wertsteigerung, während bei einer überbewerteten Aktie die Gefahr besteht, dass der Aktienwert früher oder später wieder auf den eigentlichen Unternehmenswert zurückgestutzt wird und der Kurs fällt.

Es sind noch viele weitere Faktoren, die man bei der fundamentalen Analyse im Blick behalten muss. Im Grunde genommen spielt die gesamte weltwirtschaftliche Entwicklung in dieses Feld mit hinein. Politische Entscheidungen spielen ebenso eine Rolle wie wirtschaftliche Entwicklungen im großen Rahmen, so dass die fundamentale Analyse ein hochkomplexes Feld ist.

4.1. Die Fundamentalanalyse in der Praxis

Sehen wir uns jetzt die Fundamentalanalyse in der Praxis an. Wir fangen erst einmal klein an:

- Suchen Sie sich ein Unternehmen aus, in das Sie eventuell investieren wollen.

- Betrachten Sie den Industriesektor des Unternehmens. Ist es der Marktführer oder gibt es andere Unternehmen in der gleichen Branche, die besser aufgestellt sind und langfristig womöglich erfolgreicher sein werden.

- Analysieren Sie die Weltwirtschaft und den Heimatmarkt des Unternehmens.

- Werten Sie die Unternehmensnachrichten aus. Wie sind die aktuellen Quartalszahlen, gibt es interessante neue Produktentwicklungen, wurde das Unternehmen womöglich gerade umstrukturiert oder gibt es sonst irgendwelche Anzeichen, die auf eine Gewinnsteigerung in naher Zukunft hindeuten?

Bei der Analyse der Unternehmensnachrichten sollten Sie auf möglichst viele Quellen zurückgreifen. Google-News. Wirtschaftsnachrichten, Zeitungen, Verlautbarungen des Unternehmens selbst – versuchen Sie sich ein möglichst umfassendes Bild zu verschaffen.

Je mehr Sie über ein Unternehmen im Vorfeld in Erfahrung bringen können, desto besser. Oft sind es gerade die kleinen Details, die die wirklich interessanten Informationen enthalten. Manchmal gibt es auch ausgesprochen wenige Nachrichten über ein Unternehmen. Das muss nicht unbedingt schlecht sein. Keine Nachrichten sind gute Nachrichten – zumindest gibt in so einem Fall nichts Negatives zu berichten.

4.2. Was passiert, wenn Sich herausstellt, dass das Unternehmen nicht das beste der Branche ist?

Was geschieht jetzt, wenn Sie zu dem Schluss kommen, dass das Unternehmen über- oder unterbewertet ist? Oder wenn es zahlreiche Meldungen mit einem negativen Ausblick auf die Zukunft gibt?

Nun, ein einzelnes negatives Merkmal muss noch nicht grundsätzlich gegen die Investition in eine bestimmte Aktie sprechen. Es kann sein, dass das Unternehmen vielleicht das eine oder andere Problem hat, diese negativen Merkmale aber durch einen besonders günstigen Aktienkurs wieder aufgehoben werden. Vielleicht geht es auch dem Industriezweig als Ganzem nicht besonders gut, aber das Unternehmen, das Sie ausgesucht haben, schafft es erfolgreich, sich dem negativen Trend zu widersetzen.

Bedenken Sie, dass Sie Meldungen in Wirtschaftsmagazinen und Aktienzeitschriften nicht immer blindlings trauen können. Die Berichterstattung ist nicht immer 100 Prozent objektiv und nur weil eine Aktie in der Presse oder auf einer Webseite hochgejubelt wird, muss das noch lange nicht bedeuten, dass diese Aktie wirklich der große Geheimtipp ist, als der sie dargestellt wird. Also seien Sie vorsichtig, auch bei dem Rat von sogenannten „Aktiengurus". Wenn eine Aktie besonders häufig in der Berichterstattung auftaucht, sei es nun positiv oder negativ, sollten Sie das zunächst einmal als Anhaltspunkt nehmen, dass sich hier etwas Interessantes tut, nicht mehr und nicht weniger.

Manchmal kann es auch besser sein, einen ganzen Industriesektor erst einmal völlig zu meiden. Denken Sie an den Markt der Technologieunternehmen um die Jahrtausendwende, als es dort zu völlig grotesk überbewerteten Aktien gekommen ist. Wer in dieser

Phase eingestiegen ist, musste hohe Verluste verkraften. Wer ein paar Monate gewartet hat, konnte nach der Kurskorrektur billigst einsteigen.

Wenn Sie sich nicht ganz sicher sind, ist es meist besser abzuwarten. Geduld ist am Aktienmarkt der Schlüssel zum Erfolg. Sie brauchen ein gewisses Maß an Geduld, sowohl um den richtigen Moment zum Einstieg als auch zum Ausstieg aus einem Investment zu finden.

4.3. Sechs wichtige Kennzahlen, um eine Aktie fundamental zu beurteilen

Es sind nur sechs Kennzahlen, aus denen Sie alles ablesen können, was Sie wissen müssen, um ein aussichtsreiches Unternehmen von einem Pleitekandidaten zu unterscheiden. Machen Sie sich mit den folgenden Kennzahlen vertraut und lernen Sie, sie richtig einzusetzen. Dann können Sie anhand dieser Zahlen, die für jedes börsennotierte Unternehmen frei verfügbar sind, eine gute Aussage über den Wert des Unternehmens treffen.

4.3.1. Das Kurs-Gewinn-Verhältnis (KGV)

Eine der wichtigsten Unternehmenskennzahlen am Aktienmarkt ist das sogenannte Kurs-Gewinn-Verhältnis, auch als „KGV" abgekürzt. Das Kurs-Gewinn-Verhältnis besagt, wie oft der Gewinn im aktuellen Kurs einer Aktie enthalten ist bzw. nach wie vielen Jahren der Gewinn den Preis der Aktie „bezahlt" hat.

Das KGV bezeichnet das Verhältnis zwischen Aktienpreis und Unternehmensgewinn pro Aktie. Am KGV können Sie erkennen, ob ein Unternehmen an der Börse über- oder unterbewertet ist. Je niedriger das KGV, desto besser, je höher das KGV, desto größer ist die Wahrscheinlichkeit, dass eine Aktie bereits überbewertet ist.

4.3.2. Gewinnwachstum

Versuchen Sie, Unternehmen ausfindig zu machen, die mehrere Jahre hintereinander dazu in der Lage waren, ihren Gewinn zu steigern.

Wenn ein Unternehmen seine Gewinne steigern kann, ist das ein Zeichen für eine effiziente Unternehmensführung.

4.3.3. Eigenkapitalquote

Die Eigenkapitalquote bietet einige sehr wichtige Informationen. Sie zeigt an, wie hoch der Anteil des Eigenkapitals an einem Unternehmen ist und damit auch, wie hoch der Anteil des Fremdkapitals ist. Fremdkapital ist Geld, das sich das Unternehmen von Banken oder Investoren geborgt hat, um seine eigenen Mittel aufzustocken. Natürlich ist ein Unternehmen umso stabiler und krisensicherer, je weniger es von Fremdkapital abhängig ist und je höher der Eigenkapitalanteil ist. Fremdkapital muss verzinst werden und gerade wenn ein Unternehmen stark von Bankkrediten abhängig ist, bedeutet das in Krisenzeiten immer ein Risiko. Es ist schon oft vorgekommen, dass eigentlich aussichtsreiche Unternehmen plötzlich aufgeben mussten, weil die Geldgeber kein Kapital mehr zur Verfügung gestellt haben. Achten Sie also bei Unternehmen auf einen möglichst hohen Eigenkapitalanteil.

4.3.4. EBIT-Marge

Die EBIT-Marge gibt den Gewinn des Unternehmens vor Steuern und Zinsen wieder. Es versteht sich von selbst, dass die EBIT-Marge möglichst hoch sein sollte.

4.3.5. Eigenkapitalrendite

Die Eigenkapitalrendite zeigt an, in welcher Höhe ein Unternehmen sein Eigenkapital verzinst, also welche Rendite auf die Eigenmittel des Unternehmens ohne das Fremdkapital erwirtschaftet wird. Die Eigenkapitalrendite ist eine entscheidende Kennzahl um die Profitabilität eines Unternehmens zu bewerten. Sie sollte natürlich möglichst hoch sein.

4.3.6. Dividendenrendite

Die Dividende ist ein keineswegs unwichtiger Faktor bei der Beurteilung einer Aktie, gerade in Zeiten, wo der Markt sich eher seitwärts bewegt und spektakuläre Kursteigerungen die Ausnahme sind, können Unternehmen mit einer guten Dividendenrendite dafür sorgen, dass eine Anlagestrategie trotzdem Erfolg hat. Denn neben Kursteigerungen sind Dividendenausschüttungen die zweite entscheidende Einnahmequelle beim Aktienhandel. Dividenden sind nichts anderes als Gewinnausschüttungen der Unternehmen an die Aktionäre. Leistet ein Unternehmen großzügige Dividendenzahlungen ist das fast immer ein zuverlässiger Hinweis auf einen guten Geschäftsverlauf. Es gibt sogar Fonds und ETFs, die ganz gezielt ausschließlich auf Unternehmen mit einer möglichst hohen Dividendenausschüttung konzentrieren und die Kursentwicklung dabei eher zweitrangig behandeln.

5. Technische Analyse

„Man sollte nur in Firmen investieren, die auch ein absoluter Vollidiot leiten kann, denn eines Tages wird genau das passieren!" (Warren Buffet)

Einen gänzlich anderen Ansatz als die Fundamentalanalyse verfolgt die Technische Analyse. Während es bei der Fundamentalanalyse um harte Fakten und konkrete Informationen über wirtschaftliche Zusammenhänge geht, verfolgt die technische Analyse einen völlig anderen Ansatz. Bei der technischen Analyse werden die Kursbewegungen einer Aktie analysiert und es wird versucht, aus dem bisherigen Kursverlauf eine Prognose für die Zukunft abzuleiten. Dabei sind fundamentale Fakten erst einmal völlig zweitrangig. Für eine Technische Analyse ist es völlig zweitrangig, was das Unternehmen produziert, ob es über- oder unterbewertet ist, oder ob die wirtschaftlichen Rahmenbedingungen für das Unternehmen günstig oder ungünstig sind.

Bei der technischen Analyse interessieren uns ausschließlich die bisherigen Kursverläufe in Form von sogenannten Charts. Das sind graphische Darstellungen des bisherigen Kursverlaufs. Es gibt verschiedene Wege, einen Kursverlauf abzubilden. Am bekanntesten und für den Anfänger auch am einfachsten verständlich ist sicher die einfache Liniengrafik. Dabei wird der Kurs einer Aktie in Form einer Zickzacklinie dargestellt, die den Kursverlauf wiedergibt. Schon diese einfachste Variante der Chartgrafik liefert uns einen guten Überblick über den Kursverlauf ist für eine einfache technische Analyse gesegnet.

Es gibt noch eine Fülle weiterer Darstellungsmöglichkeiten, mit denen sich zusätzliche Informationen ablesen lassen.

5.1. Die Theorie hinter der technischen Analyse

Die technische Analyse wurde maßgebend von Charles Dow geprägt, nachdem auch der Dow-Jones-Index in den USA benannt worden ist.

Charles Dow hat drei Theoreme aufgestellt, die die technische Analyse begründen und bis heute prägen. Charles Dow war der Ansicht, dass Kursschwankungen alles andere als zufällig erfolgen und dass jede Kursschwankung einen Hintergrund hat. Und auf diese Hintergründe kommt es an, wenn man die Kursschwankungen einer Aktie beurteilen will. Dow war der Auffassung, dass sich letztlich alle den Marktteilnehmern zur Verfügung stehenden Informationen in den technischen Charts niederschlagen und ausdrücken würden. Der Kursverlauf einer Aktie spiegelt damit die Meinung der Gesamtheit aller Marktteilnehmer wider.

Dow war auch der Ansicht, dass Kurse einem Trend folgen. Es gibt Aufwärtstrends, während derer der Kurs eine Aktie steigt. Es gibt Abwärtstrends, während derer der Kurs einer Aktie fällt. Schließlich und endlich gibt es Seitwärtsbewegungen, während derer der Kurs einer Aktie nur geringfügig steigt oder fällt und sich innerhalb einer engen Bandbreite bewegt, ohne dass es zu größeren Kursbewegungen kommt.

Der entscheidende Punkt: Der bisherige Kursverlauf einer Aktie ermöglicht eine Prognose für die zukünftige Kursentwicklung. So geht man z. B. davon aus, dass ein intakter Trend dazu neigt, sich fortzusetzen. Befindet sich eine Aktie in einem stabilen Aufwärtstrend und kommt es zu keinen größeren Kursrückgängen, so kann man nach der technischen Analyse davon ausgehen, dass die Aufwärtsbewegung des Kurses auch weiterhin anhalten wird. Genauso sieht es umgekehrt mit fallenden Kursen, also dem Abwärtstrend, aus. Gelingt es uns, eine Aktie mit einem stabilen Aufwärts- oder Abwärtstrend ausfindig zu machen, so können wir mit hoher Wahrscheinlichkeit davon ausgehen, dass dieser Trend sich weiter fortsetzen wird.

5.2. Technische Indikatoren

Die große Herausforderung ist es, vorher zu sagen, wann ein Trend wechselt und der Kurs einer Aktie statt zu steigen, zu fallen beginnt bzw. umgekehrt. Um dies zu erreichen, bedient man sich verschiedener Hilfsmittel, sogenannter Technischer Indikatoren. Technische Indikatoren sind Hinweise im Chartmuster, aus denen man erkennen kann, ob ein Trend stabil ist und weiter anhält oder ob ein Trendwechsel erfolgt ist bzw. kurz bevorsteht.

De beiden wichtigsten Indikatoren sind die Unterstützung und der Widerstand. Wichtig für den langfristigen Trend sind der MACD, der Indikator für das Zusammen- bzw. Auseinanderlaufen des gleitenden statistischen Durchschnitts.

Um die technischen Indikatoren richtig anwenden zu können, sehen wir uns zunächst einmal den Kursverlauf der letzten fünf Jahre an. Daran können wir bereits erkennen, ob es einen langfristigen übergeordneten Trend bei der Kursentwicklung der Aktie gibt. Gibt es einen generellen Aufwärtstrend? Oder fällt der Kurs eher? Nicht selten ist auch eine langfristige Seitwärtsbewegung anzutreffen. Was sagen die fundamentalen Unternehmensdaten? Gibt es fundamentale Gründe, aus denen man von einem baldigen Trendwechsel oder von einer Fortsetzung des bestehenden Trends ausgehen kann? Kurzfristig sind es jedoch nicht die fundamentalen Daten eines Unternehmens, die die Kursentwicklung bestimmen, sondern das, was die Masse der Investoren glauben. Langfristig gewinnen dagegen immer die fundamentalen Daten die Oberhand und der Kurs wird sich entsprechend stabilisieren.

5.2.1. Unterstützung und Widerstand

Bei Unterstützung und Widerstand handelt es sich um Kursbegrenzungen nach unten (Unterstützung) bzw. oben (Widerstand). Es handelt sich hier um Höchst- oder Mindestkurse, die der Markt über einen längeren Zeitraum im Normalfall nicht über- oder unterschreitet. Ein schönes Beispiel ist die Aktie des Internetkonzerns Google, die bereits seit Langem in einer Bandbreite von 685$ und 715$ hin und her pendelt. Mal fällt die Aktie bis nahe des unteren Wertes, dann steigt sie wieder bis in die Nähe des Maximalwertes, aber sie verlässt den Kurskorridor zwischen diesen beiden Werten seit Längerem nicht. 685$ sind in diesem Fall die Unterstützung, unter die der Kurs normalerweise nicht fällt, 715$ ist der Höchstkurs, den Google normalerweise nicht überschreitet. Natürlich muss das keineswegs für immer so bleiben. Nehmen wir an, Google entwickelt plötzlich ein bahnbrechendes, neues Produkt, das für Schlagzeilen sorgt, dann könnte es durchaus passieren, dass der Widerstand bei 715$ durchbrochen wird und die Aktie zu einem längeren Höhenflug ansetzt. Und genauso könnte auch ein Kurssturz einsetzen, wenn es fundamentale Daten gibt, die dies rechtfertigen – oder die Masse der Anleger aus irgendeinem Grund plötzlich die Aktie verkaufen will.

Übrigens: Mittlerweile hat der Kurs der Google-Aktie einen kräftigen Anstieg hingelegt und notiert jetzt um die 840$… Ein schönes Beispiel für die Aktie eines krisenfesten und zukunftsträchtigen Unternehmens, die wahrscheinlich auch in Zukunft weiter steigen wird.

Wie entsteht nun aber eine Unterstützungslinie oder ein Widerstand? Oft gibt es scheinbar gar keinen rationalen Grund, warum sich ein Widerstand oder eine Unterstützung eben an der Stelle befindet, wo sie sich befindet. Eine Ursache für einen Widerstand kann zum Beispiel sein, dass große institutionelle Anleger wie Fondsgesellschaften ab einem bestimmten Kurs automatisch beginnen, große Verkäufe zu tätigen, um Gewinne mitzunehmen. Die plötzlichen Verkäufe lösen dann in der Folge einen Kursrückgang aus und der Aktienkurs fällt wieder deutlich unter den vorherigen Widerstand.

5.2.2. Der Ausbruch

Wenn ein Aktienkurs einen Widerstand oder eine Unterstützung durchbricht und dies offenbar ein dauerhafter Zustand sein wird und der Kurs in absehbarer Zeit nicht wieder zu der bisherigen Unterstützung oder dem Widerstand zurückkehren wird, haben wir es mit einem Ausbruch zu tun. Wenn es Ihnen gelingt, einen Ausbruch vorherzusagen, bieten sich natürlich große Gewinnmöglichkeiten, da ein Ausbruch immer mit starken Kursveränderungen einhergeht. Um Ausbrüche vorhersagen zu können, gibt es eine Vielzahl weiterer charttechnischer Werkzeuge, die alle dazu dienen, so ein Ereignis richtig zu prognostizieren.

Kopf-Schulterformationen, Elliotwellen, Doppelhochs – es gibt eine Vielzahl von Chartmustern, die angeblich einen bevorstehenden Ausbruch vorhersagen können. Selbstverständlich gibt es längst eine Vielzahl von Computerprogrammen, mit deren Hilfe Sie den Kurs auf alle möglichen Indikatoren hin abklopfen können, um einen Ausbruch frühzeitig zu erkennen. Es gibt sogar Programme, die Ihnen vollautomatisiert Kauf- und Verkaufsempfehlungen auf der Basis aktueller Chartanalysen geben können. Bedenken Sie dabei aber, das kein Computerprogramm perfekt ist und die Ergebnisse, die so ein Programm liefern kann, immer nur so gut sind, wie die Kenntnisse der Leute, die es programmiert haben. Erwarten Sie also von Tradingprogrammen keine Wunder. Trotzdem können diese eine wertvolle Hilfe sein, da ein Computerprogramm natürlich wesentlich schneller verschiedene Aktienkurse analysieren und auf Auffälligkeiten untersuchen kann, als Sie das manuell tun können.

Für den Anfang ist es aber besser, wenn Sie erst einmal auf den Einsatz von solchen Hilfsmitteln verzichten und lernen, einen Chart von Hand, gewissermaßen mit Papier und Bleistift zu analysieren. Sie lernen dabei eine Menge und trainieren Ihre Fähigkeiten als Investor, so dass Sie auf keinen Fall darauf verzichten sollten, sich zunächst solide Kenntnisse über Charttechnik anzueignen, bevor Sie selbst damit anfangen, Computerprogramme zur Chartanalyse zu nutzen.

Wenn Sie noch nie im Leben eine Chartgrafik gesehen haben, sollten Sie sich auf jeden Fall erst einmal Grundkenntnisse der technischen Analyse aneignen, bevor Sie mit dem Investieren beginnen.

6. Psychologie

„Jeder Anleger kann mit Aktien reich werden, wenn er seine Hausaufgaben macht!" (Peter Lynch)

Es mag überraschen, aber ein entscheidender Faktor für Erfolg oder Misserfolg an der Börse ist die Kenntnis Ihrer eigenen Psyche. Man kann ohne Übertreibung sagen: Nur wenn Sie sich selbst kennen, wenn Sie sich voll und ganz über die eigenen Stärken und Schwächen im Klaren sind, können Sie erfolgreich an der Börse agieren.

Wenn wir den Experten Glauben schenken, müssen wir an der Börse eigentlich völlig emotionslos agieren und ausschließlich unserem Verstand und unserer hoffentlich wohlbegründeten Anlagestrategie folgen. Leider ist ein solches Verhalten nur für wenige Menschen möglich. Die meisten von uns werden von Emotionen beeinflusst. Die stärksten Emotionen an der Börse – und die, die unterm Strich für die meisten Fehlentscheidungen verantwortlich gemacht werden können, sind Angst und Gier. Die meisten Börsenteilnehmer sind diesen Emotionen mehr oder weniger stark ausgesetzt. Es ist von entscheidender Bedeutung, dass Sie lernen, Ihre Emotionen zu kontrollieren und in den Griff zu bekommen, wenn Sie an der Börse erfolgreich agieren wollen. Um Ihre Emotionen kontrollieren zu können, müssen Sie zunächst sich selbst erkennen und herausfinden, wer Sie wirklich sind.

Die wichtigste Frage dabei ist:

6.1. Wie ist Ihr Verhältnis zum Risiko?

Aktienanleger können eine sehr unterschiedliche Haltung zu Risiken haben. Manche Anleger nehmen bewusst große Risiken in Kauf, wenn es damit möglich ist, hohe Gewinne zu erzielen. Andere sind ausgesprochen risikoscheu und verzichten auch schon einmal auf hohe Gewinne, um gleichzeitig hohe Verlustrisiken zu vermeiden. Über eines müssen Sie sich bei Geldanlagen immer im Klaren sein: Je höher der potentielle Gewinn, desto spekulativer und damit verlustgefährdeter ist eine Geldanlage. Der Gewinn steigt immer proportional zum Risiko einer Anlage. Eine Anlage, die völlig risikolos 12 oder 15 Prozent Rendite bringt, ist illusorisch, ganz besonders unter den heutigen Marktbedingungen.

Sie müssen sich als erstes ganz offen die Frage stellen: Wie ist Ihr Verhältnis zum Risiko? Macht es Sie nervös, wenn Sie sehen, dass der Kurs Ihrer Aktie fällt? Neigen Sie dazu, sich jeden Tag zu vergewissern, ob der Kurs auch nicht gefallen ist? Machen Sie negative Meldungen in den Wirtschaftsnachrichten unruhig, weil Sie befürchten, dass dies negative Auswirkungen auf Ihr Aktienportfolio haben kann?

Und wie reagieren Sie, wenn der Kurs einer Aktie in Ihrem Portfolio tatsächlich fällt? Verkaufen Sie dann panisch oder warten Sie ab, in der Hoffnung dass sich der Kurs wieder erholt?

Manche Menschen sind auch Spielernaturen, denen es überhaupt nichts ausmacht, hohe Risiken einzugehen und waghalsige Spekulationen durchzuführen. Sie setzen ungerührt hohe Beträge auf spekulative Aktien und sind sofort bereit für das nächste riskante Investment, nachdem sie einen Verlust eingefahren. Es ist sicher überflüssig zu sagen, dass Menschen dieses Typs manchmal riesige Gewinne einfahren, mindestens ebenso oft aber auch ihr Gesamtes Vermögen an der Börse verlieren. Manche spekulieren zu dem mit geliehenem Geld, was dazu führen kann, dass nach einer Fehlspekulation noch Schulden zurückbleiben.

6.2. Stellen Sie sich folgende Fragen

- Gibt es einen Industriezweig, in dem Sie sich bereits besonders gut auskennen? Sei es beruflich bedingt oder sei es, weil Sie sich aus anderen Gründen schon damit beschäftigt haben. Kennen Sie sich aus in der Chemieindustrie? Der Elektronikbranche? Oder in der Automobilindustrie? Je mehr Hintergrundwissen Sie in einer Branche haben, desto leichter fällt es Ihnen, die entsprechenden Aktien zu beurteilen und realistisch einzuschätzen.

- Wie viel Zeit können und wollen Sie täglich in Ihre finanzielle Bildung investieren? Was wollen Sie lesen?

- Wie gut haben Sie Ihre Emotionen im Griff? Regen Verluste Sie auf? Versetzen Sie Gewinne womöglich in eine euphorische Hochstimmung und lassen Sie unvorsichtig werden? Es ist von entscheidender Bedeutung, dass Ihnen die Bedeutung Ihrer Gefühle klar wird und Sie Ihre Emotionen so gut wie möglich unter Kontrolle halten können.

Werden Sie sich vor allem über Ihr Verhältnis zum Risiko im Klaren. Wenn Sie sehr sicherheitsorientiert sind, können Sie möglicherweise mit einer Investition in klassische Aktienfonds oder in ETFs besser schlafen als mit einer Anlage in Einzelaktien. Neigen Sie zu spekulativen Handlungen und sind Sie eine impulsgesteuerte Spielernatur, sollten Sie Ihr Engagement an der Börse generell noch einmal überdenken. Wie immer im Leben geht es darum, einen gesunden Mittelweg zu finden. General lässt sich sagen, dass Sie im Börsenhandel umso erfolgreicher sein werden, je weniger Sie sich von Emotionen wie Angst, Euphorie und Gier leiten lassen. Am besten fahren Sie mit rein vernunftbasierten Entscheidungen, bei denen jegliche Gefühle außen vor bleiben.

6.3. Und noch einige Tipps

- Führen Sie ein Tradingtagebuch. Egal ob auf dem Papier oder im Computer, schreiben Sie jedes Börsengeschäft auf und notieren Sie den Gewinn und den Verlust. Schreiben Sie auch nieder, warum Sie die betreffende Aktie gekauft oder verkauft haben. Dieses Börsentagebuch, indem Sie alle Ihre Geschäfte festhalten, wird Ihnen später eine große Hilfe sein, denn Sie können damit Ihre Entscheidungen rückwirkend hinterfragen und können so aus Ihren Fehlern wachsen und ein Maximum an Erkenntnis aus den Unterlagen ziehen. Dieses Tagebuch schützt Sie auch davor, sich selbst etwas vorzumachen und Entscheidungen im Nachhinein zu relativieren oder schön zu reden. Es ist Ihr unbestechliches Logbuch, das Ihnen dabei hilft, den rechten Kurs zu halten und ständig den Überblick über alles zu behalten.

- Schalten Sie nach jeder erfolgreichen Transaktion Ihren Computer ab und beschäftigen sich erst einmal mit etwas anderem. Sie vermeiden so im Rausch einer vermeintlichen Erfolgssträhne weitere, womöglich riskante Geschäfte einzugehen, die Sie in ihrem derzeitigen Gemütszustand womöglich zu positiv beurteilen. Das gleiche gilt, wenn Sie gerade eine Position mit Verlust geschlossen haben. Machen Sie unmittelbar danach keine weiteren Trades und warten Sie, bis Sie den Verlust vollständig verarbeitet haben.

- Wenn Sie nervös oder angespannt sind, beschäftigen Sie sich besser mit etwas anderem als der Börse und lesen ein gutes Buch. Oder hören Sie klassische Musik. Bach und Mozart haben erwiesenermaßen einen beruhigenden Einfluss auf die Nerven.

- Versuchen Sie nicht nur an der Börse, sondern auch in Ihrem sonstigen Alltagsleben stets Ihre Emotionen in den Griff zu bekommen und verstandesorientiert zu handeln. Zum einen wird Ihr ganzes Leben dadurch wesentlich klarer und angenehmer, weil Sie einen guten Grund für alle Ihre Entscheidungen haben, anstatt sich von vagen Gefühlen leiten zu lassen. Und zum anderen wird sich diese Handlungsweise auch positiv auf Ihren Börsenerfolg auswirken.

Zugegeben, viele dieser Vorschläge mögen auf Sie vielleicht banal oder wie Gemeinplätze wirken. Das sind sie aber keineswegs. Denn die meisten Fehlschläge an der Börse beruhen eben auf diesen simplen, gefühlsgesteuerten Reaktionen. Es sind die Emotionen, die die meisten Börsianer antreiben und von denen sie sich ihre Handlungen diktieren lassen. Und Angst und Gier stehen dabei an erster Stelle. Wenn es Ihnen gelingt, diese Emotionen im Griff zu haben, haben Sie gegenüber wenigstens 90 Prozent der anderen Marktteilnehmer schon einmal eine Menge voraus.

7. Portfolioaufbau

„Es ist bei weitem besser, ein herausragendes Unternehmen zu einem anständigen Preis zu kaufen, als ein anständiges Unternehmen zu einem herausragenden Preis."
(Waren Buffett)

Wenn Sie erfolgreich mit Aktien handeln wollen, bedeutet das, dass Sie sich ein Portfolio aufbauen müssen. Als Portfolio bezeichnet man die Gesamtheit aller Aktien, die Sie sich in Ihrem Depot zusammenstellen. Bei der Zusammenstellung Ihres Portfolios sollten Sie auf eine Risikostreuung achten. Kaufen Sie nicht nur Aktien aus einer Branche, sondern investieren Sie in verschiedene Branchen und Industrien. Achten Sie auch auf eine geografische Streuung. Viele Anleger machen den Fehler, nur in Aktien aus dem heimischen Wirtschaftsraum, also aus Deutschland und seinen Nachbarländern zu investieren. Damit verschenken Sie zum einen Potential, was die Risikostreuung betrifft. Zum anderen verschenken Sie damit auch potentielle Gewinne, denn auch in anderen Regionen der Welt gibt es lukrative Aktien, die hohe Renditen versprechen. Streuen Sie Ihre Investitionen also sowohl über verschiedene Branchen als auch über verschiedene geografische Regionen, um eine in jeder Hinsicht hohe Risikostreuung zu erreichen.

7.1. Der Aufbau eines Portfolios braucht Zeit

Der Aufbau eines Portfolios kann sich durchaus über einen längeren Zeitraum hinziehen. Das gilt naturgemäß besonders dann, wenn Sie nur ein kleines Einstiegskapital zur Verfügung haben. In diesem Fall lohnt es sich nicht, das zur Verfügung stehende Kapital am Anfang in allzu viele verschiedene Positionen aufzuteilen, denn schließlich werden beim Ankauf und Verkauf jeder Aktie auch Bankgebühren fällig und je kleiner der Anlagebetrag ist, desto höher ist im Verhältnis die Gebührenbelastung bei jeden Ankauf und Verkauf. Starten Sie daher, wenn Ihnen nur eine kleine Anlagesumme zur Verfügung steht, zunächst nur mit einer oder zwei Aktien, die Sie dafür umso sorgfältiger auswählen sollten. In den folgenden Monaten können Sie dann langsam Ihr Portfolio um weitere Werte ergänzen und Ihre Anlage nach und nach weiter streuen.

Diversifizierung zur Risikostreuung ist wichtig, aber bei einem kleinen bis mittleren Portfolio sollten Sie dabei trotzdem nicht übertreiben. Bei zu vielen Einzelwerten laufen Sie Gefahr, den Überblick zu verlieren. Schließlich müssen Sie die Wertentwicklung der einzelnen Aktien ebenso im Auge behalten wie die relevanten Wirtschaftsnachrichten zu den einzelnen Firmen. Der Aufwand kann bei einem sehr weit gestreuten Portfolio beträchtlich ansteigen. Für den Anfang sollten sie sich auf 10, allerhöchstens 15 bis 20 verschiedene Aktien beschränken. Bis zu einem Portfoliowert von 50.000 Euro sollten zehn verschiedene Aktien vollkommen ausreichend sein. Sonst werden die Einzelpositionen zu klein und ein zu hoher Teil des Gewinns wird von den Bankgebühren aufgefressen.

7.2. Die wichtigste Grundregel beim Aufbau Ihres Portfolios

Aufbauen – Diversifizieren – Abwarten – Ernten. In dieser Reihenfolge müssen Sie vorgehen:

Bauen Sie zuerst ein Portfolio aus einigen, wenigen Werten auf. Wenn das Portfolio eine gewisse Zielgröße erreicht hat, beginnen Sie, Ihre Anlagen stärker zu streuen.

Schließlich brauchen Sie nur noch Geduld. Je nach Anlagehorizont kann es einige Wochen, einige Monate oder einige Jahre dauern, bis Sie die ersten Aktien aus Ihrem Portfolio mit einem schönen Gewinn verkaufen können.

7.3. Tipps zum Portfolioaufbau

1. Halten Sie sich zu Beginn an ganz normale Aktien oder Aktienfonds und vermeiden Sie andere Investmentvehikel wie CFDs, Optio-

nen oder Devisenspekulationen, die Ihren Kenntnisstand derzeit noch übersteigen und womöglich zu hohen Verlusten führen können.

2. Diversifizieren Sie Ihre Anlagen nach Branchen und geografischen Regionen, um eine möglichst hohe Risikostreuung zu erreichen.

3. Verfolgen Sie stets die aktuellen Wirtschaftsnachrichten und halten Sie jederzeit nach neuen Anlagemöglichkeiten Ausschau.

4. Wenn Sie eine Aktie mit Gewinn verkauft haben, dann investieren Sie den Erlös nicht sofort wieder, sondern halten Sie das Geld erst einmal als „Munition" zurück und suchen Sie in aller Ruhe nach einer neuen Einstiegsmöglichkeit. Lassen Sie sich Zeit – es gibt keine verpassten Gelegenheiten. Investitionsmöglichkeiten an der Börse sind wie die U-Bahn, hat der legendäre Börsenexperte André Kostolany gesagt. Wenn man eine verpasst, kommt nach kurzer Zeit die nächste. Also halten Sie Ihr Pulver trocken und lassen Sie sich grundsätzlich viel Zeit mit Ihren Investitionsentscheidungen.

5. Bauen Sie Ihr Kapital langsam aber sicher auf. Wenn Sie Ihr Kapital verdoppelt haben, können Sie daran denken, die maximale Zahl der Aktien in Ihrem Portfolio zu erhöhen, um die Risikostreuung zu verbessern.

6. Zumindest ein Teil der Aktien in Ihrem Portfolio sollten Langzeitinvestments mit einem Anlagehorizont von wenigstens zehn Jahren sein. Ein Langzeitinvestment ist eine stressfreie Anlage, die den großen Vorteil hat, dass Sie sich um zwischenzeitliche Marktschwankungen nicht groß kümmern. Nehmens wir als Beispiel eine Aktie von Nestlé: Die Aktien dieses Unternehmens sind langfristig betrachtet immer wertvoller geworden und Kurseinbrüche waren immer nur vorübergehender Natur. Nestlé ist der größte Lebensmittelkonzern der Welt und betreibt ein weitgehend krisenfestes Geschäft. Wir können also davon ausgehen, dass Nestlé auch in Zukunft weiter an Wert gewinnen wird.

7. Besonders wenn Ihnen nur wenig Startkapital zur Verfügung steht, aber Sie stattdessen einen regelmäßigen Monatsbetrag anlegen möchten, bietet sich eine Investition in ETFs an. ETFs können Sie schon

mit kleinen Beträgen von z. B. 100 Euro im Monat kaufen. Wenn Sie einen ETF auf einen Index kaufen, können Sie nichts falsch machen. Der DAX ist in den letzten Jahrzehnten langfristig immer weiter gestiegen, genau wie die anderen großen Indizes wie der Dow Jones. Sie können auch in ETFs investieren, die sich auf bestimmte Branchen oder Regionen spezialisiert haben. Sie können auf diese Weise schon zu Beginn ein Portfolio mit einer guten Risikostreuung mit einem sehr kleinen monatlichen Betrag aufbauen. Manchmal kann es auch sinnvoll sein, Fonds und Aktien zu mischen. Nehmen wir an, Sie haben bereits in einige sorgfältig ausgewählte deutsche Aktien investiert, die Sie sehr genau recherchiert haben und deren Entwicklung Sie genau beobachten. Nun möchten Sie zusätzlich etwas Geld in Aktien aus Nordamerika oder Südostasien investieren. Hier kann es die bessere Lösung sein, in einen klassischen Aktienfonds zu investieren, bei dem sich das Fondsmanagement um die Auswahl der Aktien kümmert. Sie sparen sich damit den hohen Aufwand für die Recherche und die Auswahl der Aktien in diesen geografisch weit entfernten Märkten. Besonders bei Investitionen in Schwellenländern sollten Sie immer lieber auf Fonds setzen, da es schwerer ist, zuverlässige Informationen zu bekommen und die Investitionen dort mehr Fachwissen erfordern.

8. Wenn Sie wollen, können Sie sich außer in Aktien auch einmal an anderen, risikoarmen Anlegevehikeln versuchen. Beispielsweise an Anleihen. Aber bedenken Sie bei allen Ihren Investitionen immer: Das Geld wird in den Unternehmen erwirtschaftet und an Unternehmen sind Sie nur mit Aktien oder Aktienfonds beteiligt. Und dabei sollten Sie vorerst bleiben.

8. Risikomanagement

„Es ist gewinnbringender, einen Tag im Monat über Geld nachzudenken, als 30 Tage dafür hart zu arbeiten." (J.D. Rockefeller)

Ein wichtiger Punkt beim Investieren in Aktien ist ein funktionierendes Risikomanagement. Wenn wir in Aktien investieren, versuchen wir unser Risiko aktiv zu begrenzen. Ziel des Risikomanagements ist es, das Eintreten eines Verlusts soweit es möglich ist, zu minimieren. Natürlich ist dieses Ziel nie zu hundert Prozent erreichbar, bei jeder Aktienanlage gibt es ein gewisses Verlustrisiko. Wir können dieses Risiko aber durch ein geschicktes Risikomanagement so weit wie menschenmöglich minimieren.

Beim Risikomanagement geht es zum einen darum, das Risiko durch geschickte Streuung der Anlage an sich zu minimieren (nicht alle Eier in einen Korb legen). Es geht aber auch darum, das Risiko zu verringern, in dem wir versuchen, für jede Aktie den jeweils optimalen Zeitpunkt für den Einstieg oder Ausstieg zu finden.

8.1. Diversifizierung

Sie können das Ausfallrisiko Ihrer Anlagen deutlich reduzieren, in dem Sie Klumpenrisiken vermeiden und Ihre Aktien und Fondsanteile so gut es geht diversifizieren. Kaufen Sie Aktien verschiedener Unternehmen aus verschiedenen Industriezweigen und aus verschiedenen geografischen Regionen. Sie verringern auf diese Weise das Risiko, dass eine plötzliche negative Entwicklung in einer Weltregion oder einer Branche gleich Ihr gesamtes Portfolio in Mitleidenschaft zieht. Eine sinnvolle Streuung der Anlagen ist allerdings erst ab einer gewissen Depotgröße möglich. Es macht keinen Sinn, eine kleine Anlagesumme in zu viele Einzelpositionen aufzuspalten, weil die

Gebühren für Ankauf und Verkauf der Aktien sonst einen zu großen Teil der Anlagesumme auffressen. Bei kleinen Anlagesummen ist es besser auf einen herkömmlichen Aktienfonds, oder noch besser, auf einen ETF zu setzen, weil dort die Streuung bereits quasi eingebaut ist.

8.2. Der richtige Einstiegszeitpunkt

Sichern Sie sich immer ab, wenn Sie eine Aktie kaufen. Geben Sie bei jeder Kauforder immer einen Höchstpreis ein, bis zu dem Sie bereit sind, die Aktie zu kaufen. Wenn Sie das nicht machen, wird Ihre Order ausgeführt, egal wie sich der Preis der Aktie in den nächsten Minuten nach Aufgabe Ihrer Order entwickelt. In den meisten Fällen passiert zwar in diesem kurzen Zeitraum nichts Aufregendes. Irgendwann wird es Ihnen aber passieren, dass es bei einer Aktie ausgerechnet in diesem kurzen Zeitraum zwischen dem Erteilen Ihrer Kauforder und der Ausführung derselben zu einer kurzfristigen Aufwärtsbewegung des Preises kommt – und dann haben Sie plötzlich sehr viel mehr für die Aktie bezahlt, als Sie ursprünglich geplant hatten und Ihre Gewinnaussichten verdüstern sich plötzlich beträchtlich. Zumal Sie bei so kurzen heftigen Kursschwankungen getrost davon ausgehen können, dass der Kurs nach ausgeführter Order zügig beginnen wird, wieder zu fallen und Sie erst einmal eine satten Verlust einfahren. Begrenzen Sie darum Ihre Order immer mit einem Höchstpreis, den Sie zu zahlen bereit sind. Wird der Preis zwischenzeitlich überschritten, wird Ihre Order von Ihrer Depotbank nicht ausgeführt. Selbstverständlich geht es auch anders herum. Sie können einen Kaufauftrag mit einem Höchstpreis anlegen, der unterboten werden muss, bevor der Auftrag ausgeführt wird. Wenn Sie zum Beispiel davon überzeugt sind, dass der Kurs einer Aktie fallen wird, dann können Sie einen Kaufauftrag anlegen mit einem niedrigeren Kaufpreis als dem derzeitigen Preis der Aktie. Fällt der Preis der Aktie unter den im Kaufauftrag angelegten Wert, wird der Auftrag von der Bank automatisch ausgeführt und die Akte in der von Ihnen vorab gewünschten Stückzahl gekauft.

8.3. Der richtige Ausstieg

Genauso wichtig wie der richtige Einstieg ist natürlich der Zeitpunkt für den richtigen Ausstieg. Beim richtigen Ausstieg geht es uns vor allem darum, den Profit zu maximieren. Ein Ausstieg, um Verluste zu begrenzen, sollte die Ausnahme sein. Legen Sie im Vorfeld fest, bei welchem Gewinn Sie die Aktie verkaufen wollen und halten Sie sich strikt an diese einmal getroffene Entscheidung.

An dieser Stelle wollen wir auch auf die berüchtigten Stopp-Loss-Marken eingehen. Sie können, um Ihr Risiko zu begrenzen, von vorneherein bestimmte Schwellenwerte setzen, bei denen die Aktie automatisch von Ihrer Depotbank verkauft wird. Entweder um Gewinne zu vermeiden (Stopp-Loss) oder um Profite zu realisieren (Take-Profit). Diese Automatismen haben Vorteile und Nachteile. Besonders die automatischen Stopp-Loss-Aufträge haben Schattenseiten. Werden sie zu eng gesetzt, besteht die Gefahr, dass schon bei relativ geringen Schwankungen der Kurse Verkaufsaufträge zur Verlustbegrenzung ausgeführt werden und der Kurs sich womöglich nur Minuten, Stunden oder wenige Tage später wieder erholt. In diesem Fall hat der Stopp-Loss nur zusätzliche Spesen produziert und für unnötige Kontobewegungen gesorgt. Wenn Sie mit Stopp-Loss-Marken arbeiten, sollten diese auf keinem Fall zu eng gesetzt werden. Besonders gilt das für Aktien, die ohnehin zu größeren Kursschwankungen neigen. Andererseits können Stopp-Loss-Marken sinnvoll sein, wenn Ihnen vorübergehend die Zeit fehlt, um die Kursentwicklung ständig zu überwachen. Zum Beispiel weil Sie im Urlaub sind und dort vielleicht keinen Internetzugriff auf Ihr Wertpapierdepot haben.

Um Gewinne ab einem bestimmten Schwellenwert zu realisieren, machen automatische Verkaufsaufträge dagegen durchaus Sinn.

8.4. Warum Geschwindigkeit zweitrangig ist

Geben Sie sich nicht der Illusion hin, mit Stopp-Loss-Marken schneller zu sein als andere Marktteilnehmer. In Sachen Geschwindigkeit kann heute niemand mehr mit den Big Playern mithalten. Investmentbanken betreiben Hochgeschwindigkeitshandel und benutzen ausgefeilte Computerprogramme – Techniken, die für den Normalverbraucher unerreichbar und unerschwinglich sind und mit denen diese Großanleger immer einen Geschwindigkeitsvorteil haben. Von dem Vorteil, den die ausgefeilten Analyseprogramme bieten, ganz zu schweigen. Sie sollten nicht versuchen, kurzfristige Marktschwankungen ausgleichen zu wollen. Daytrading, bei dem kurzfristige Kursschwankungen ausgenutzt werden, ist definitiv eine Wissenschaft für sich und was das Verlustrisiko betrifft, irgendwo zwischen Poker und Roulette angesiedelt. Vielleicht 5 von 100 Neueinsteigern sind dabei wirklich erfolgreich, der Rest muss früher oder später aufgeben. Setzen Sie stattdessen auf langfristige Wertsteigerungen, die auf einen gestiegenen Unternehmenswert zurückzuführen sind und die nachvollziehbare und reale Grundlagen haben.

Eine weitere Möglichkeit ist, dass Sie bei Erreichen eines bestimmten Kurszieles Aktien in Höhe des erzielten Gewinnes verkaufen und den Rest der Aktien in Höhe des ursprünglichen Kaufpreises noch weiterhin halten. Dieses Vorgehen bietet sich zum Beispiel an, wenn Sie der Aktie noch weitere Kurssteigerungen zutrauen, aber andererseits auch einen Teil des bereits erzielten Gewinnes realisieren wollen. Auch das gegenteilige Vorgehen kommt in Betracht: Verkaufen Sie Aktien in Höhe des ursprünglichen Kaufpreises und halten Sie weiterhin einen Teil der Aktien in Höhe des bisher erzielten Kursgewinnes.

Für welches Vorgehen Sie sich letztlich entscheiden ist eine Frage, die Sie im Vorfeld im Rahmen Ihrer Anlagestrategie geklärt haben sollten.

Halten Sie sich an Ihre Strategie, halten Sie sich an die Regeln, die Sie selbst im Vorfeld für jedes Investment aufgestellt haben. Wenn es Ihnen gelingt, die Risiken so gut es geht zu minimieren, haben Sie bereits einen großen Schritt hin zu einem erfolgreichen Aktieninvestment getan und werden langfristig auch erfolgreich am Markt agieren.

9. Anfängerfehler

„Aktienkurse werden nicht nur von Erwartungen in der Zukunft beeinflusst, sondern auch von den Erwartungen an diese Erwartungen."

Vergessen Sie niemals, Ihr Portfolio wie ein Geschäft zu betrachten. Investieren an der Börse ist ein Geschäft. Eines, mit dem man sehr wohlhabend werden kann. Warren Buffett und viele andere Reiche und Superreiche haben an der Börse ein Vermögen gemacht. Wobei Warren Buffett stets Unternehmen mit einem einfachen leicht verständlichen Geschäftsmodell bevorzugte, wie beispielsweise Gilette oder Coca-Cola.

Wichtig für Ihren Erfolg an der Börse ist aber zunächst einmal, die schlimmsten Anfängerfehler zu vermeiden. Es sind immer dieselben Fehler, die Anfänger an der Börse viel Geld kosten und die im schlimmsten Fall dazu führen, dass das eingesetzte Kapital ganz oder teilweise verloren geht. Lassen Sie uns also einen Blick auf die sieben schlimmsten Anfängerfehler werfen.

7 Fehler, die Sie unbedingt vermeiden müssen

1. Kaufen und Verkaufen Sie nicht aus dem Bauch heraus ohne Plan. Machen Sie niemals den Fehler, eine Aktie zu kaufen oder zu verkaufen, weil Ihr Gefühl Ihnen dazu rät. Oder weil sie von irgendjemandem einen „heißen Tipp" bekommen haben. Kaufen und Verkaufen Sie Aktien nur nach genauer Überlegung innerhalb Ihres Investmentplans, den Sie vorher ausgearbeitet haben. „Hin und her macht Taschen leer" ist eine der wichtigsten Börsenregeln, nach denen Sie sich als Anfänger richten sollten. Gefühle haben an der Börse ebenso wenig etwas verloren wie sprunghaftes und impulsives Handeln. Wer Geduld hat und abwarten kann, wird langfristig erfolgreich sein.

Spielernaturen, die Augenblicksentscheidungen treffen, werden am Ende immer schmerzhafte Verluste einfahren. Natürlich kann das einige Male gut gehen und Sie können vorübergehend Glück mit solchen Anlageentscheidungen haben. Aber wenn Sie ohne wirkliches Hintergrundwissen und ohne Plan Aktien kaufen und verkaufen, dann betreiben Sie Glücksspiel und kein seriöses Börsengeschäft. Zum Glücksspiel braucht man aber vor allem Glück. Und das Glück ist sehr launisch und bleibt selten lange.

2. Ein anderer Fehler, der schon viele Neulinge teuer zu stehen gekommen ist, ist es, den Überblick über das große Ganze zu verlieren. So kann es geschehen, dass Sie bei der Betrachtung eines Aktienkurses über einen kurzfristigen Zeitraum von wenigen Stunden oder Tagen zu dem Schluss kommen, dass die Aktie sich in einem Aufwärtstrend befindet. Bei näherer Betrachtung über einen längeren Zeitraum stellt sich dann heraus, dass die Aktie sich in Wirklichkeit schon seit Monaten auf einem unaufhaltsamen Sinkflug befindet, der nur vorübergehend von kurzen Erholungsphasen unterbrochen wird. Machen Sie also nicht den Fehler, einzelne Zeitebenen isoliert zu betrachten, sondern betrachten Sie die langen ebenso wie die kurzfristigen Kursentwicklungen immer als Ganzes, um eine realistische Einschätzung der Lage einer bestimmten Aktie bekommen zu können.

3. Halten Sie Ihre Gefühle unter Kontrolle. Es ist eine Binsenweisheit, die aber nicht oft genug wiederholt werden kann, weil sie in der Praxis so ausgesprochen schwer umzusetzen ist. Treffen Sie keine Entscheidungen, wenn Sie nervös, ängstlich und angespannt sind. Schalten Sie den Computer ab und befassen Sie sich mit etwas anderem, bis Sie Ihr inneres Gleichgewicht wieder gefunden haben. Das gleiche gilt auch, wenn Sie sich nach einem Erfolg in einem Zustand der Euphorie und der Freude befinden. Schalten Sie auch dann den Computer erst einmal ab und genießen Sie Ihren Erfolg. Warten Sie, bis Sie sich beruhigt haben und die Euphorie verflogen ist, bevor Sie neue Anlageentscheidungen treffen. Eine Hilfe kann es sein, ein Handelstagebuch zu führen, in dem Sie alle Ihre Anlageentscheidungen schriftlich

festhalten und dabei jeweils kurz begründen, was Sie zu der jeweiligen Anlageentscheidung bewogen hat. Sie können auf diese Weise Ihre früheren Trades noch einmal Revue passieren lassen und dabei reflektieren, wie die jeweilige Entscheidung zustande gekommen ist. Auf diese Weise können Sie im Nachhinein erkennen, ob Sie sich bei einer Entscheidung von harten Fakten oder von Gefühlen haben leiten lassen.

4. Nehmen Sie nicht jede Anlageempfehlung als bare Münze und hören Sie nicht zu viel auf andere. Natürlich sollen und müssen Sie sich so gut wie irgendwie möglich über den Markt informieren und Ihr bestes tun, um Informationen zu sammeln, um eine möglichst rationale und wohlbegründete Entscheidung zu treffen. Bedenken Sie aber, dass längst nicht alle Meldungen und Nachrichten, die Sie in der Presse und auf Internetseiten finden, immer objektiv und unvoreingenommen sind. Bei vielen Artikeln handelt es sich um gezielte Meinungsmache, um den Kurs einer Aktie zu manipulieren und nach oben zu treiben. Es gibt häufig Einflussnahmen und Interessenüberschneidungen, so dass Sie bei vielen Publikationen nicht sicher sein können, ob die Berichterstattung wirklich objektiv ist. Besonders gilt das für Webseiten und Börsenzeitschriften, die sich direkt und ausdrücklich an Aktionäre richten.

5. Richten Sie keine überzogenen Erwartungen an sich oder an Ihren Fondsmanager. Bei den meisten Fonds können Sie froh sein, wenn es ihnen überhaupt gelingt, nennenswert besser als der Index abzuschneiden. Auch die Möglichkeiten und Fähigkeiten von Fondsmanagern sind begrenzt und beschränkt. Sie haben zwar mehr Geld zur Verfügung, sind aber dafür durch zahlreiche institutionelle Beschränkungen nicht völlig frei in ihren Anlageentscheidungen. Gehen Sie auch nicht zu hart mit sich selbst ins Gericht. Besonders nicht dann, wenn Sie noch Anfänger auf dem Gebiet des Börsenhandels sind. Gelegentliche Verluste und Rückschläge sind unvermeidbar und kein Drama, solange Sie sich an Ihre Anlagestrategie halten und das große Ganze im Blick behalten.

6. Ein weiterer Fehler, der immer wieder gemacht wird, ist, die Anlagestrategie nicht sinnvoll auf das eigene Lebensalter abzustimmen. Wenn Sie zum Beispiel im jugendlichen Alter von 18 Jahren damit anfangen, ein Aktienportfolio aufzubauen, dann ist es unsinnig, große Risiken einzugehen. Sparen Sie eine überschaubare monatliche Summe in einem Aktienfonds. Sie haben aller Wahrscheinlichkeit noch annähernd 40 Jahre im Erwerbsleben vor sich und brauchen sich deswegen wegen des Zeithorizonts keine Sorgen zu machen. Anders sieht es aus, wenn Sie erst mit beispielsweise Mitte 40 ernsthaft damit beginnen, ein Aktiendepot aufzubauen. In diesem Fall müssen Sie höhere Risiken eingehen und auf Einzelaktien mit höheren Renditechancen, aber auch höheren Risiken setzen, wenn Sie das gleiche Ergebnis erzielen wollen, als jemand, der bereits in jüngeren Jahren damit begonnen hat, sich ein Aktiendepot aufzubauen.

7. Akzeptieren Sie, dass Verluste unvermeidlich sind. Sie können den einen oder anderen Verlust erleiden, das ist keine Katastrophe, solange Ihre Bemühungen am Jahresende einen Gewinn erwirtschaftet haben. Trauern Sie Verlusten nicht hinterher und versuchen Sie vor allem nicht, eingetretene Verluste durch neue, waghalsige Transaktionen „wieder hereinholen" zu holen. Diese Vorgehensweise führt nur zu neuen Verlusten. Analysieren Sie Ihre Verlusttrades stattdessen mit einem gewissen zeitlichen Abstand anhand Ihres Tagebuchs und versuchen Sie zu identifizieren, worin genau der Fehler lag, der zu dem Verlustereignis geführt hat.

10. Tipps und Tricks

„Der Markt hat immer Recht."

Sie wissen jetzt, welches die wichtigsten Fehlerquellen und Stolpersteine bei Börsenanfängern sind, die einem erfolgreichen Einstieg in die Welt des Aktienhandels entgegenstehen. In diesem Kapitel sollen Sie einige hilfreiche Tipps und Tricks kennenlernen, die Ihnen den Einstieg erleichtern werden.

10.1. Wichtig ist nur die Gesamtrendite

Schon der damalige Altbundeskanzler Helmut Kohl wusste: „Entscheidend ist, was hinten rauskommt". Sie müssen damit leben, dass Sie den einen oder anderen Trade mit Verlust schließen werden. Sie müssen bei einer Anlage in Aktien auch mit dem einen oder anderen schwachen Jahr rechnen, in dem Sie wenig oder gar keine Rendite erhalten. Es kann sogar das eine oder andere Jahr mit echten Verlusten geben. Entscheidend sind aber nicht einzelne Verlust- oder Gewinnjahre, entscheidend ist die Performance Ihrer Aktienanlage über den gesamten Anlegezeitraum, seien es nun 5 Jahre, 10 Jahre oder 30 Jahre. Die Märkte können sich auch für einen längeren Zeitraum einmal seitwärts bewegen. Die Entwicklung der Aktienkurse folgt nicht immer der tatsächlichen Wertentwicklung der Unternehmen. Mal nehmen die Kurse künftige Wertsteigerungen vorweg, manchmal sind die Aktienkurse in Relation zum Wert eines Unternehmens deutlich zu billig (Kaufgelegenheit!). Was zählt ist die Gesamtrendite, die am Ende bleibt.

10.2. Der richtige Einstieg ist entscheidend

Versuchen Sie bei Ihren Investments einen möglichst optimalen Einstiegszeitpunkt zu finden. Beobachten Sie den Markt und versuchen

Sie zu erkennen, ob es noch einen günstigeren Einstiegszeitpunkt geben könnte. Hin und wieder gibt es einmalige Ereignisse, die Ihnen helfen können. Versuchen Sie solche Ereignisse zu erkennen und zu Ihren Gunsten zu nutzen. Als das italienische Kreuzfahrtschiff Costa Concordia vor der italienischen Küste kenterte, sackte nicht nur der Aktienkurs der verantwortlichen Reederei in den Keller, sondern die Aktien praktisch aller Kreuzfahrtanbieter mussten drastische Kurseinbrüche hinnehmen. Allerdings nur vorübergehend, die Kurse haben sich sehr schnell wieder erholt, da es ja objektiv keinen Grund für so einen Preisrückgang gab. Ausgelöst wurde der Preisrückgang ausschließlich durch die Panikverkäufe übernervöser Anleger. Wer in dieser Situation die Gunst der Stunde genutzt hat, konnte die Aktien zu einem sehr günstigen Preis erwerben und sich schon kurze Zeit später über kräftige Kurssteigerungen freuen. Auch während der Finanzkrise 2008 gab es interessante Kaufgelegenheiten. Nach Möglichkeit sollten Sie es vermeiden, in Aktien zu investieren, die gerade ein Allzeithoch erreicht haben. Denn aus der Vergangenheit lassen sich nur bedingt Rückschlüsse auf die Zukunft ziehen und eine Aktie, die in den letzten Monaten massiv gestiegen ist, muss das keineswegs auch in Zukunft tun. Um die Jahrtausendwende mussten viele Menschen, die Aktien der Deutschen Telekom zu damaligen Höchstpreisen erworben haben, kurze Zeit später eine bedauerliche Erfahrung machen: Die Aktien fielen, fielen und fielen und haben sich bis heute von diesem Kurssturz nicht wieder erholt.

10.3. Machen Sie Trockenübungen

Sie müssen bei Ihren Trades nicht immer gleich echtes Geld benutzen. Richten Sie sich einen oder mehrere Demo-Accounts ein, wo Sie die Möglichkeit haben, mit Spielgeld virtuelle Börsengeschäfte zu tätigen. Dabei läuft alles genauso ab, wie bei einem „richtigen" Börsengeschäft, nur dass in Wirklichkeit weder Aktien noch Geld bewegt werden. Das Ganze ist eine Simulation. Aber eine, die sehr gut geeignet ist, Ihnen schon einige Börsenerfahrung zu verschaffen, bevor Sie damit beginnen, mit echtem Geld zu handeln. Sie können mit Demokonten eine Menge machen: Sie können Ihre Strategien erproben und gegeneinander austesten, Sie können verschiedene Depots zum Testen erstellen usw. Demokonten sind ein ausgesprochen wertvolles Hilfsmittel, besonders wenn Sie sie mit dem Tool aus dem nächsten Punkt kombinieren. Zeichnen Sie auch Ihre Demotrades auf und behandeln Sie sie so, als wären es echte Trades mit echtem Geld, dann ist der Lerneffekt am Größten.

10.4. Nutzen Sie Ihr Tradingtagebuch

Auch wenn es bereits erwähnt wurde: Ihr Tradingtagebuch ist Ihr wichtigstes Werkzeug, um Erkenntnisse zu sammeln und Ihre Fähigkeiten weiter zu entwickeln. Alles, was wir aufgeschrieben haben, bleibt länger und intensiver in unserem Gedächtnis präsent. Ein gut geführtes Tradingtagebuch sorgt dafür, dass Ihnen Ihre Erfolge und Misserfolge gegenwärtig bleiben und Sie den Überblick behalten. Halten Sie alle Trades in chronologischer Reihenfolge fest. Das können Sie gerne in digitaler Form in Ihrem Computer oder Smartphone machen. Eventuell ist es aber besser, stattdessen auf ein ganz konservatives und herkömmliches Tagebuch aus Papier zurückzugreifen und Ihr Tradingtagebuch handschriftlich zu führen. Das Verlustrisiko dürfte kleiner sein und Sie können das Tagebuch auch ohne eine Stromquelle nutzen.

10.5. Holen Sie eine zweite Meinung ein

Stützen Sie Ihre Meinung über eine Aktie niemals auf nur eine Informationsquelle. Wie wir bereits festgestellt haben, sind die wenigstens Medien wirklich objektiv und nicht wenige Berichte werden unter der Hand mit reichlich Geld beeinflusst. Und selbst wenn ein Börsenmagazin redaktionell wirklich unabhängige Artikel bringt: Vergessen Sie nicht, wer in Form der Werbekunden die Hauptgeldgeber für diese Magazine sind. Nehmen Sie nicht jeden Rat und jeden Bericht für bare Münze. Ziehen Sie immer mehrere Zeitungen, Webseiten, Newsletter oder Börsenbriefe zu Rate und verlassen Sie sich nicht blind auf nur einen Ratgeber. Holen Sie sich immer eine zweite, notfalls auch eine dritte oder vierte Meinung und versuchen Sie sich, so gut es geht, ein eigenes Bild zu machen, anstatt unreflektiert die Meinungen anderer zu übernehmen. Selbst denken ist Trumpf.

10.6. Kaufen Sie niemals auf Kredit

Möglicherweise bietet Ihnen Ihre Depotbank die Option, Aktien oder andere Wertpapiere mittels eines sogenannten Wertpapierkredites zu kaufen. Dabei stellt Ihnen die Bank einen Kredit zur Verfügung. Als Sicherheit dient dabei entweder wie bei einem herkömmlichen Dispokredit Ihr Einkommen, meistens aber die bereits vorhandenen Aktien in Ihrem Depot. So können Sie z. B. Ihr Aktiendepot im Wert von 20.000 Euro mit zusätzlichen 10.000 Euro beleihen und mit dem geliehenen Geld weitere Aktien kaufen. Auf diese Weise können Sie ein größeres Volumen bewegen, als es der Fall wäre, wenn Sie ausschließlich mit eigenem Geld spekulieren würden. Ein guter Rat: Nutzen Sie diese Möglichkeit nicht. Denn wenn Sie sich verspekulieren und Ihr Aktiendepot im Wert fällt, dann bleibt der Kredit in voller Höhe bestehen, Ihre Aktien reichen jedoch als Sicherheit nicht mehr und schließlich wird die Bank Ihre Aktien verkaufen, um Ihren Kredit abzusichern. Das Ende: Ihre Wertpapiere sind weg und Sie bleiben auf den Restschulden sitzen. Auf Kredit gekaufte Aktien haben übrigens maßgeblich zum verheerenden Verlauf der Weltwirtschaftskrise von 1929 beigetragen.

10.7. Investieren Sie nur Geld, auf das Sie im Notfall verzichten können

Machen Sie niemals den Fehler, Geld an der Börse zu investieren, das Sie schon für einen bestimmten Zweck verplant haben. Investieren Sie ausschließlich Geld in Aktien, dessen Verlust Sie im Notfall verschmerzen können. Es ist unmöglich, an der Börse mit kühlem Kopf zu handeln, wenn Sie dabei mit lebenswichtigen Ersparnissen hantieren, deren Verlust Sie auf keinen Fall verschmerzen können, wie z. B. Geld, dass Sie bereits fest für die Ausbildung Ihrer Kinder oder als

Rücklage für eine bald anstehende Hausrenovierung eingeplant haben. Wenn Sie kein Geld haben, dass Sie ruhigen Gewissens an der Börse einsetzen können, dann sollten Sie lieber zunächst etwas Startkapital ansparen und Ihre Pläne erst einmal zurückstellen. Das mag schwerfallen, wenn Sie gerade Blut geleckt haben und nun selbst endlich einsteigen wollen, doch es ist besser, sich einige Monate zu gedulden, als am Ende plötzlich ohne wichtige finanzielle Polster dazustehen.

11. Die Wahl der richtigen Depotbank

„Ich habe wohl nicht mehr als in der Hälfte der Fälle Recht, aber ich verdiene einfach sehr viel Geld, wenn ich richtig liege und ich verliere so wenig Geld wie möglich, wenn ich unrecht habe." (George Soros)

Wenn Sie an der Börse mit Aktien handeln wollen, brauchen Sie ein Wertpapierdepot, das Sie bei einer Bank einrichten müssen. Inzwischen bieten fast alle Banken die Möglichkeit, ein Wertpapierdepot für den Aktienhandel einzurichten. Trotzdem empfiehlt es sich, bei der Kontoeröffnung genau hinzusehen und auch einen Blick in das Kleingedruckte zu werfen.

Denn die Transaktionsgebühren bei den einzelnen Banken können sich ganz erheblich unterscheiden. Bei Filialbanken und Sparkassen bekommen Sie meistens deutlich schlechtere Konditionen als bei Direktbanken, die auf den Wertpapierhandel spezialisiert sind. In den letzten Jahren hat sich eine ganze Menge derartiger Banken in Deutschland etabliert. Sie können dort online ein Kombipaket aus Girokonto, Tagesgeldkonto und Wertpapierdepot eröffnen und das ganze zum Nulltarif. Dazu gibt es meist noch eine kostenlose Kreditkarte für Bargeldbehebungen. Kontoeröffnung und Kontoführung finden ausschließlich online statt. Es ist klar, dass Sie bei dieser Art der Kontoführung weitgehend auf sich gestellt sind. Zwar bieten die meisten Onlinebanken eine Menge kostenloses Online-Fortbildungsmaterial für ihre Kunden an. Auf eine individuelle Betreuung können Sie bei diesen Discountangeboten aber nicht erwarten.

Allerdings lohnt sich eine Bank, bei der Sie von einem Bankberater individuell bei Ihren Anlageentscheidungen beraten werden, ohnehin erst ab größeren Anlagesummen. Für den Anfang sind Sie bei einem klassischen Discountbroker wie Comdirect oder Consors sicherlich gut aufgehoben. Sie bekommen dort problemlosen Zugang zum internationalen Aktienmarkt vom heimischen Schreibtisch aus und können sich darauf verlassen, dass alle Ihre Aufträge jederzeit schnell und zuverlässig ausgeführt werden.

11.1. Dinge, auf die Sie bei Ihrer künftigen Depotbank achten sollten

- Filialbank mit Kundenbetreuung oder Onlinebank? Wenn Sie sich für eine Depotbank mit Kundenbetreuung entscheiden, wird sich das in höheren Gebühren niederschlagen.

- Gibt es eine Mindestanlagesumme? Bei manchen Banken wird ein Mindestanlagebetrag für die Kontoeröffnung benötigt. Typische Summen sind beispielsweise 1.000,- 5.000,- oder 10.000.- Eur.

- Ein- und Auszahlungen: Sind Ein- und Auszahlungen unproblematisch und jederzeit möglich? Lassen Sie sich nicht auf Banken ein, die für Ein- und Auszahlungen vom Handelskonto Gebühren verlangen. Es gibt genug Banken, die diesen Service kostenlos anbieten oder Ihnen sogar noch ein Gratis-Girokonto mit Kreditkarte zum Handelskonto im Paket dazugeben.

- Wie sind die Gebühren strukturiert? Fällt eine feste Flatrate-Gebühr pro Trade an oder staffelt sich die Gebühr nach der Höhe der Transaktionssumme? Gibt es feste Gebühren, die monatlich für die Kontoführung anfallen? Werfen Sie einen genauen Blick in die Gebührenliste der Bank, damit Sie nichts Wesentliches übersehen.

- Manche Banken geben so etwas wie einen zusätzlichen Dispokredit auf Ihr Handelskonto. Das heißt, Sie können das Konto überziehen und Aktien mit geliehenem Geld kaufen. Damit vergrößern sich zwar Ihre Aktionsmöglichkeiten, aber auch das Risiko drastisch. Als Anfänger im Börsenhandel sollten

Sie so einen Wertpapierkredit auf gar keinen Fall in Anspruch nehmen, die Gefahr sich am Ende zu verspekulieren und auf einem Schuldenberg sitzen zu bleiben ist viel zu groß.

- Bietet Ihre Bank zusätzliche Dienstleistungen an? Gibt es die Möglichkeit mit Währungen zu handeln, mit Optionen oder Zertifikaten? Wenn Sie jetzt schon wissen, dass Sie es auf Dauer nicht beim reinen Aktienhandel belassen wollen, sondern auch mit anderen Wertpapieren handeln wollen, dann sollten Sie sich eine Bank suchen, wo Sie Ihr Konto Stück für Stück entsprechend erweitern können.

12. Ihr persönlicher Plan

„Der erfolgreiche Investor hat sehr viel Geduld, er kauft weit unter dem fairen Wert und verkauft weit über dem fairen Wert." (Warren Buffett)

Jetzt ist es so weit, dass Sie den Einstieg ins Börsengeschäft langsam in Angriff nehmen können. Wenn Sie nach dem folgenden Plan vorgehen, können Sie sicher sein, dass Sie nichts Wichtiges vergessen oder auslassen und Sie können sicher sein, dass Sie keinen der typischen Anfängerfehler machen. Vielleicht haben Sie auch den einen oder anderen Punkt auf dieser Liste für sich bereits abgehakt – nun, das macht nichts, Sie können den betreffenden Punkt dann einfach überspringen.

12.1. Sammeln Sie Startkapital

Haben Sie schon ausreichend Startkapital für Ihren Einstieg ins Börsengeschäft? Bitte verwenden Sie für die Börse nur Geld, dass Sie nicht zum Leben brauchen und das auch nicht für andere Verwendungszwecke wie eine Notfallreserve oder Ähnliches vorgesehen ist. Es muss sich um frei verfügbares Geld handeln, dessen eventueller Verlust keinerlei Auswirkung auf Ihre aktuelle Lebensführung hätte. Machen Sie auf keinen Fall den Fehler, Geld zu verwenden, dass Sie anderweitig noch dringend brauchen werden. Und auf gar keinen Fall dürfen Sie Ihren Einstieg in den Börsenhandel mit geliehenem Geld machen. Es ist unsexy, aber wenn Sie derzeit nicht genügend Geld haben, um an der Börse zu investieren, dann bleibt Ihnen nichts anderes übrig, als sich das Startkapital erst einmal zusammenzusparen. Nachdem Sie das Geld an der Börse eingesetzt haben, streichen Sie es aus Ihrem Bewusstsein und vergessen Sie, dass Sie dieses Geld je besessen haben. Das Geld existiert nur noch im Depot und dort kann es solange bleiben wie es nötig ist.

12.2. Wertpapierdepot eröffnen

Wenn Sie ausreichend Startkapital zusammen haben, können Sie sich daran machen, Ihr Wertpapierdepot bei einer Bank Ihres Vertrauens zu eröffnen. Es sind im Wesentlichen zwei Eigenschaften, auf die Sie achten müssen und die bei einem Wertpapierdepot stimmen müssen: Zum einen muss die Bank Ihre Aufträge schnell und ohne Verzögerung ausführen, zum anderen müssen sich die Gebühren im Rahmen halten. Gerade als Anfänger haben Sie kein Geld zu verschwenden. Mit einem Onlinebroker wie Flatex, Consors oder comdirect sind Sie normalerweise auf der sicheren Seite. Gerade die Angebote von Filialbanken und Sparkassen sollten Sie hingegen sehr kritisch unter die Lupe nehmen, weil hier teilweise beachtliche Gebühren anfallen. Wenn Sie Ihr Wertpapierdepot bei einer Onlinebank eröffnen, müssen Sie bei den meisten Banken Ihre Identität mit dem sogenannten Post-Ident-Verfahren bestätigen. Dieses antiquierte Verfahren wird allerdings immer öfter durch eine Videoidentifizierung per Skype ersetzt.

12.3. Überbrücken Sie die Wartezeit

Es dauert bei fast allen Banken einige Tage, bis Ihr neues Wertpapierdepot einsatzbereit ist und Sie die ersten Trades starten können. Bis dahin können Sie die Wartezeit auf überaus sinnvolle Weise nutzen. Gerade die Onlinebroker bieten auf ihren Internetseiten umfassendes Lehrmaterial an. Sie sollten dies unbedingt durcharbeiten, denn es handelt sich hier um wertvolles Basiswissen, was Sie auf diese Weise kostenlos vermittelt bekommen.

12.4. Üben Sie erst einmal

Wenn Sie Ihr Wertpapierdepot eröffnet haben, machen Sie sich in aller Ruhe erst einmal mit allen Funktionen vertraut, bis Sie die Onlineoberfläche voll und ganz beherrschen. Die meisten Banken bieten von vornherein ein Demokonto an, in dem Sie „Trockenübungen" machen können und erst einmal einige Trades mit virtuellem Spielgeld machen können, bevor es richtig los geht und Sie die ersten echten Aktien mit echtem Geld kaufen. Machen Sie von dieser Möglichkeit reichlich Gebrauch. Es hilft Ihnen ungemein, wenn Sie erst einmal mit Spielgeld üben, sich mit der Onlineoberfläche vertraut machen und auch verschiedene Handelsstrategien erst einmal nur virtuell und ohne irgendein Verlustrisiko auszuprobieren.

12.5. Kaufen Sie Ihre erste Aktie

Wenn Sie sich eingehend mit allem vertraut gemacht haben und wenn Sie Ihre Trockenübungen mit virtuellem Geld mit ersten Erfolgen hinter sich gebracht haben, können Sie langsam daran denken, Ihre erste „richtige" Aktie zu kaufen. Sie haben diese Aktie hoffentlich sehr sorgfältig ausgesucht und wissen genau, warum Sie sich gerade diese Aktie ins Depot holen. Führen Sie jetzt Ihren ersten echten Kaufauftrag aus und erwerben Sie diese Aktie. Verwenden Sie dafür aber keinesfalls mehr als 20 Prozent Ihres Startkapitals. Denken Sie an den Grundsatz, niemals alle Eier in einen Korb zu legen und das Risiko immer so weit wie möglich zu streuen. Investieren Sie darum nur einen Teil Ihres Startkapitals und behalten Sie den Rest für künftige Investmentgelegenheiten, die sich bald ergeben werden.

12.6. Planen Sie den Ausstiegszeitpunkt

Planen Sie für jede Ihrer Aktien schon vorher das Ausstiegsszenario. Legen Sie schon vorher genau fest, unter welchen Bedingungen Sie die Aktie verkaufen und den Gewinn realisieren wollen. Wenn Sie genau wissen, welches Ziel Sie mit der Anlage erreichen wollen, werden Sie auch keine Probleme damit haben, den richtigen Ausstiegszeitpunkt festzulegen.

12.7. Realisieren Sie den Gewinn

Wenn der Ausstiegszeitpunkt erreicht ist, verkaufen Sie konsequent und realisieren Sie den Gewinn.

12.8. Warten Sie in Ruhe ab

Wenn Sie den Gewinn ausgezahlt bekommen haben, suchen Sie in aller Ruhe nach der nächsten Anlagechance und warten ab, welche Gelegenheiten sich Ihnen bieten.

12.9. Investieren Sie erneut

Irgendwann werden Sie eine oder mehrere neue Anlagemöglichkeiten finden, die Ihnen zusagen. Jetzt ist der Moment für einen neuen Einstieg in eine neue Aktie gekommen. Oder in einen Aktienfonds oder einen ETF, wenn Sie es eher etwas weniger risikofreudig angehen wollen?

Richten Sie sich nach diesem Ablauf, Sie sind auf der sicheren Seite. Am besten beginnen Sie mit einer einfachen, krisensicheren Aktie oder einem Aktienfonds. Starten Sie nicht mit einer exotischen Aktie, sondern eher mit einem Unternehmen wie Nestlé oder Procter & Gamble, um nur einmal zwei Beispiele zu nennen. Bei beiden Firmen sind klar, welche Geschäfte sie betreiben und es handelt sich bei beiden um ein krisensicheres Investment, da die Produkte immer nachgefragt werden, auch in Zeiten schlechter Konjunktur.

Lassen Sie sich nicht hetzen und gehen Sie das Projekt „Aktienhandel" in aller Ruhe an. Der Aufbau eines guten Portfolios kann durchaus einige Monate in Anspruch nehmen. Die Sorgfalt und die Geduld werden sich am Ende für Sie in überdurchschnittlich guten Ergebnissen auszahlen, wenn Sie alles richtig gemacht haben.

Wie Sie weiter vorgehen

Ihnen ist sicherlich klar, dass dieses kleine Buch nur einen allerersten Einstieg liefern kann. Wenn Sie in der Welt des Aktienhandels langfristig größere Erfolge erzielen wollen, führt kein Weg daran vorbei, dass Sie sich mit weiterführender Literatur beschäftigen. Lassen Sie die Informationen in diesem Buch erst einmal wirken und verinnerlichen Sie das Gelernte. Machen Sie außerdem einige erste Erfahrungen beim Kauf und Verkauf von Aktien. Anschließend besorgen Sie sich weitere Literatur und bauen Ihre Kenntnisse systematisch aus. Es gibt hervorragende Bücher, die vom Umfang und vom Fachwissen her weit über das hinausgehen, was wir Ihnen in dieser kleinen Einführung für den Anfänger breten können.

Empfehlenswerte Bücher zum Thema Börse sind beispielsweise:

- *„Der intelligente Investor"* (Benjamin Graham)
- *„Technische Analyse mit Candlesticks"* (Steve Nison)
- *„Das große Buch der Markttechnik: Auf der Suche nach der Qualität im Trading"* (Michael Voigt)
- **„Technische Analyse der Finanzmärkte"** (John J. Murphy)

13. Zehn gute Tipps vor dem Start

Im Folgenden möchten wir Ihnen noch einmal zehn gute Tipps ans Herz legen, die Sie sich einprägen und die Sie beherzigen sollten, bevor es wirklich los geht. Diese Tipps fassen noch einmal wichtige Kenntnisse aus diesem Buch zusammen und werden Ihnen bei Ihrem Start an der Börse hoffentlich eine große Hilfe sein.

13.1. Zögern Sie nicht und fangen Sie noch heute an

Die meisten Menschen haben Probleme damit, ins Handeln zu kommen und gewonnene Erkenntnisse auch in die Praxis umzusetzen. Wenn Sie zu dem Schluss gekommen sind, dass der Aktienhandel das Richtige für Sie ist, dann sollten Sie jetzt damit beginnen, das Ganze in die Hand zu nehmen und mit Ihren konkreten Planungen beginnen. Und diese Planungen sollten Sie dann auch konsequent umsetzen. Denn von selbst passiert gar nichts und wenn Sie wirklich Geld an der Börse verdienen wollen, dann müssen Sie jetzt damit beginnen.

13.2. Investieren Sie in Ihre finanzielle Bildung

Lesen Sie Bücher, absolvieren Sie Onlinekurse, schauen Sie sich Schulungsvideos an: Investieren Sie jeden Tag in Ihre finanzielle Bildung. Je größer Ihr Wissen über den Aktienmarkt ist, desto sicherer können Sie auf dem Börsenparkett agieren, desto höher sind Ihre Erfolgsaussichten und desto geringer ist die Wahrscheinlichkeit, dass Sie Verluste einfahren. Denken Sie immer daran, dass sich jeder Cent, den Sie in Ihre finanzielle Bildung investieren, später vielfach bezahlt machen wird. Erworbenes Wissen kann Ihnen niemand mehr nehmen und es steht Ihnen Ihr Leben lang zur Verfügung.

13.3. Erwarten Sie nicht das schnelle Geld

Mit einem soliden und qualitativ hochwertigen Investment werden Sie langfristig gute Gewinne erwirtschaften. Nur über Nacht reich werden können Sie damit nicht. Das wäre eine unrealistische Erwartung. Zwar gibt es in Gestalt von Optionen und CFDs Anlagevehikel, mit denen Sie in kurzer Zeit Ihr Kapital vervielfachen können, aber diese Anlageprodukte sind auch mit einem entsprechend hohen Risiko behaftet und es kann Ihnen genauso gut passieren, dass Sie stattdessen alles verlieren und am Ende womöglich Schulden haben. Also Finger weg von hochspekulativen und gefährlichen Investments. Konzentrieren Sie sich auf gute Fonds und Aktien und es wird sich für Sie auszahlen. An der Börse ist Geduld eine der wichtigsten Tugenden überhaupt.

13.4. Nur das Beste ist gut genug.

Suchen Sie Ihre Aktien genauso sorgfältig aus wie Ihren Ehepartner. Oder sogar noch sorgfältiger, falls Ihnen an der Wahl des Ehepartners im Laufe der Zeit schon erste Zweifel gekommen sein sollten. Nehmen Sie jede Aktie genauestens unter die Lupe, informieren Sie sich genau über das Unternehmen und kaufen Sie nur Aktien von Unternehmen, deren Geschäft Sie verstehen und Sie überzeugt. Achten Sie auch auf überzeugende Kennzahlen. Denken Sie daran: Nur das Beste vom Besten sollte für Ihr Investment gut genug sein. Schließlich ist es Ihr hart erarbeitetes Geld, mit dem Sie sich an einem Unternehmen beteiligen.

13.5. Lernen Sie, Verluste zu akzeptieren.

Verluste sind unangenehm, aber nicht vermeidbar. Selbst Investmentgenies wie Warren Buffett haben in Ihrer Laufbahn die eine oder andere Fehlinvestition getätigt. Versuchen Sie aus Ihren Verlusten zu lernen. Analysieren Sie die Ursachen und sorgen Sie dafür, dass Sie denselben Fehler kein zweites Mal machen. Akzeptieren Sie die Tatsache, dass Sie Fehler machen und nicht immer richtig liegen werden. Und dann lernen Sie aus Ihren Fehlern.

13.6. Legen Sie niemals alle Eier in einen Korb

Diversifikation ist ein entscheidender Faktor für Ihren Erfolg. Machen Sie nie den Fehler, alle Eier in einen Korb zu legen. Sie finden in diesem Buch umfassende Ratschläge zu dem Thema wie Sie Ihre Anlagen sinnvoll auf verschiedene Unternehmen verschiedener Branchen sowie auf verschiedene geografische Regionen verteilen, um sich so gut wie möglich abzusichern. Wenn Sie nur ein kleines Anlagevermögen zur Verfügung haben, können Sie auch eine Anlage in börsennotierten Indexfonds (ETF) in Betracht ziehen. Bei so einer Anlage ist die Streuung gewissermaßen schon eingebaut.

13.7. Erkennen Sie sich selbst

Hinterfragen Sie immer wieder Ihre Ziele, Ihre Motive und Ihre Handlungen an der Börse. Selbsterkenntnis ist ein wichtiges Ziel, wenn Sie erfolgreich an der Börse agieren wollen. Der größte Feind an der Börse sind immer die eigenen Emotionen. Die meisten Verluste werden gemacht, weil Menschen Ihre Entscheidungen nicht rational treffen, sondern von ihren Emotionen bestimmen lassen. Sich an der Börse von Gefühlen wie Angst oder Gier treiben zu lassen und dann entsprechende Entscheidungen aus dem Bauch heraus zu treffen, ist ein brandgefährlicher Weg, den Sie auf gar keinen Fall beschreiten sollten, weil die Verluste vorprogrammiert sind.

13.8. Kleinvieh macht auch Mist

Wenn Sie keine großen Summen als Einstiegskapital zur Verfügung haben, dann fangen Sie klein an. Unterschätzen Sie nicht die Macht kleiner Beträge. Zahlen Sie regelmäßig jeden Monat einen überschaubaren Betrag in einen ETF-Sparplan ein und nehmen Sie auf diese Weise Ihren Vermögensaufbau in Angriff.

13.9. Trauen Sie nur sich selbst

Niemand kennt heute schon die Börsenkurse von morgen. Auch die zahlreichen Börsendienste, Newsletter, Aktienzeitschriften und Webseiten wissen letztlich nicht viel mehr als Sie. Verlassen Sie sich niemals blindlings auf Anlageempfehlungen und Tipps aus diesen Quellen. Sie können nie sicher sein, ob die Tippgeber nicht doch noch andere Interessen verfolgen als nur das Wohlergehen ihrer Leser zu fördern. Stellen Sie immer eigene Recherchen an und wenn Sie irgendwelche Zweifel haben, dann hören Sie auf Ihren Verstand und lassen Sie die Finger davon. Gerade bei Aktien, die in Börsenzeitungen besonders hochgejubelt werden, ist oft eher Vorsicht geboten. Vielleicht erinnern Sie sich noch daran: Um die Jahrtausendwende wurde die Telekom-Aktie mit dem kürzlich verstorbenen Schauspieler Manfred Krug als Werbeträger hochgejubelt und der Bevölkerung als sichere Volksaktie angeboten. Zu diesem Zeitpunkt notierte die Telekom-Aktie bei über 100 Euro. Es folgte ein langanhaltender Kurssturz, bei dem diejenigen, die nicht rechtzeitig Ihre Aktien wieder verkauft haben, am Ende Verluste von nahezu 90 Prozent erlitten haben. Manfred Krug hat sein Engagement in dieser Werbekampagne später bitter bereut.

13.10. Denken Sie immer auch an die Dividende

Viele Anleger sind völlig auf Kurssteigerungen fixiert und verlieren die Dividende dabei völlig aus dem Blick. Dabei ist die Dividende neben der Kurssteigerung eine weitere, sehr wichtige Verdienstquelle, die auf lange Sicht sogar einen deutlich höheren Ertrag als die reine Kurssteigerung bietet. Vor allem werden Dividenden auch dann ausgezahlt, wenn sich ansonsten an den Märkten nicht viel tut und die Kurse sich eher seitwärts bewegen. Darum achten Sie beim Kauf einer Aktie immer darauf, ob und in welcher Höhe das Unternehmen in der Vergangenheit Dividenden ausgeschüttet hat. Es kann sogar eine Anlagestrategie sein, in erster Linie auf die Erträge aus Dividenden zu setzen und die Gewinne aus Kurssteigerungen eher nebenbei mitzunehmen. Es gibt Fonds, die sich mit ihrem Portfolio ausschließlich auf besonders dividendenstarke Unternehmen fokussiert haben, und die damit sehr gute Erträge erzielen.

Investieren in P2P Kredite

Wie Sie erfolgreich in P2P Kredite investieren und welche Fehler Sie vermeiden sollten

Mathias Bank

Inhaltsverzeichnis

Einleitung

P2P-Kredite sind ein interessantes Phänomen in der heutigen Zeit. Menschen leihen anderen Menschen Geld und bekommen eine monatliche Rückzahlung. Jeder kann damit in einem gewissen Sinn zu seiner eigenen Bank werden. Das hat viele Vorteile, bringt aber auch einige Nachteile.

Die Form der P2P-Kredite ist jedoch weder neu, noch kann ihr Erscheinen wirklich überraschen. Viele, die darüber nachdenken, in dieses System zu investieren, stellen sich natürlich einige Fragen. Die erste Frage lautet wahrscheinlich immer, was sind P2P-Kredite eigentlich? Fängt man an, sich damit etwas mehr zu befassen, entdeckt man die Antwort auf diese Frage recht schnell. Wie es jedoch mit vielen Fragen ist, wirft deren Antwort meist wieder neue Fragen auf. Man möchte wissen, wie diese Kreditform funktioniert. Wie sicher sind P2P-Kredite? Warum sollte man in sie investieren? Wie investiert man erfolgreich und welche Fehler gilt es zu vermeiden?

Um diesen Fragen auf den Grund zu gehen, muss man das gesamte System P2P-Kredit verstehen. Das heißt, als Investor sollte man auch wissen, wer solche Kredite in Anspruch nimmt und wie der Geldentleiher geprüft wird und wie sehr man sich auf diese Prüfung verlassen kann.

Dieses Buch gibt Antworten auf diese Fragen und Tipps und Anregungen dazu, wie man bei der Investition in P2P-Kredite am besten vorgeht. Egal, aus welchen Gründen man sich für eine Investition in diese Kreditform interessiert, am Ende will man sein Geld zumindest wiedersehen oder noch besser, Geld damit verdienen. Geht man dabei richtig vor, kann man sich zurücklehnen und seinem Geld bei der Vermehrung zusehen. Geht man jedoch falsch dabei vor, kann man sich ebenso schnell von seinem Geld verabschieden.

Da die Gründe, in diese Kreditform anzulegen, ebenso verschieden sind, wie die Gründe, sie in Anspruch zu nehmen, lohnt es sich, auch mal die Investoren unter die Lupe zu nehmen. Je nach Anlegertyp gibt es verschiedene Vorgehensweisen, um erfolgreich zu sein oder zumindest die Pleite zu vermeiden. Eines sei gleich einmal vorneweg angemerkt: Nicht jeder investiert in P2P-Kredite, um damit Profit zu erwirtschaften. Oftmals sind die Motive ganz einfach darin zu finden, dass man jemandem helfen möchte. Für diese Menschen liegt der Erfolg oder der Profit darin, dass jemand anders sein Geschäft erfolgreich eröffnen kann oder genug Geld zum Beispiel für sein Mobiliar hat.

Das Internet wird damit einmal mehr ein Ort, wo man seine ganz eigenen Möglichkeiten finden kann, erfolgreich zu sein. Wie so oft verbergen sich hinter diesen Möglichkeiten nicht immer nur Chancen, sondern auch Gefahren. Darum sollte man, bevor man sich auf eine solche Investition in P2P-Kredite einlässt, nur allzu klar darüber sein, was alles auf einen zukommt oder zukommen kann. Der Erfolg liegt darin, vorbereitet zu sein und mit offenen Augen vorzugehen. Man kann Überraschungen, oftmals auch unangenehme, nicht einhundertprozentig ausschließen, doch man kann sie eingrenzen. Dass gilt ebenso für die Anzahl als auch die Auswirkungen dieser Überraschungen. Der Schlüssel dazu ist das eigene Wissen und dessen flexible Anwendung. Daher folgt hier ein kleiner Guide für P2P-Kredite.

Was sind P2P-Kredite

Was verbirgt sich hinter dem Kürzel P2P? Die Abkürzung kommt aus dem Englischen und kann am besten als peer-to-peer verstanden werden. Man kann es auch als private-to-private lesen oder auf Deutsch als privat-zu-privat ausschreiben. Das erklärt diese Art der Kredite am besten. Peer-to-peer- oder privat-zu-privat-Kredite sind Kredite, die Privatpersonen anderen Privatpersonen leihen. Das Geld wird also nicht von einer Bank verliehen, sondern von ganz normalen Privatpersonen. Geliehen wird es ebenso ganz einfach von Privatpersonen, aber auch oftmals von Geschäftsleuten, besonders von Start-ups. Manchmal geht das Verleihgeschäft direkt, also wirklich von privat-zu-privat vonstatten, manchmal werden Banken dazwischengeschaltet, um sowohl die Bearbeitung als auch die Rechtslage zu vereinfachen.

Wie aber sieht es mit den P2P-Krediten aus, sind sie wirklich eine so neue Form? Wie so vieles im Internet ist auch das System der P2P-Kredite nicht wirklich neu. So wie Ebay den guten alten Markt nachbaut und in einem größeren Rahmen wiederaufleben lässt, so wie Online-Dating-Agenturen den alten Heiratsvermittlern zu neuem Glanz verhilft, so wiederholen auch P2P-Kredite ein in Wahrheit sehr altes System.

Die Welt der Finanzen heute unterscheidet sich von der Welt der Finanzen von vor hunderten von Jahren weit weniger, als sich das Otto-Normalverbraucher vorstellt. Schon Adam Smith beschrieb in seinem Buch über den „Wohlstand der Nationen" genau die schlechten Praktiken, die Banken heute nahe an den Abgrund oder darüber hinaus bringen. Ebenso verhält es sich mit allen anderen Regeln der Finanzwelt. Was sich geändert hat, das sind die Wege, in denen die Geschäfte abgewickelt werden. Zuerst das Telefon, dann die Computer und Faxe und schlussendlich das Internet haben die Prozesse beschleunigt, doch die Regeln, nach denen die Geschäfte ablaufen, die Regeln des Marktes, haben sich nicht geändert. Das liegt daran, dass die zwei wichtigsten Grundlagen noch immer ihre Geltung haben. Die erste ist das Geld an sich. Wie zuvor, so besitzt das Geld auch heute einen schwankenden Wert. Die andere sind die Regeln des Geldverdienens.

Der Wert des Geldes sieht auf den ersten Blick so konstant aus. So sind 10 € heute, immer noch 10 € morgen. Was so einfach erscheint, ist es aber im Grunde nicht. Der Wert der 10 € schwankt nämlich erheblich. Man kann den Wert von Geld in verschiedenen Wegen messen. Ein Weg ist es, die 10 € mit den Währungen anderer Länder zu vergleichen. Tut man dies, wird man schnell feststellen, dass der Wert des Euro zum Beispiel im Verhältnis zum Dollar sinkt. War der Umtauschwert im Jahre 2011 noch leicht bei $1,40 für einen Euro, so konnte man sich Ende 2016 schon freuen, wenn man noch $1,10 pro Euro bekam.

Ist dieser Unterschied für jemanden wichtig, der nur im eigenen Land bleibt? Ja, auch dies ebenso wie früher. Ein Großteil der Waren heutzutage, aber auch viele Waren früher, sind und waren importiert. Importierte Waren müssen in der Währung bezahlt werden, in der sie hergestellt werden. Bezahlt man also ein Telefon in Deutschland in Euro, das der Händler in einem anderen Land in Dollar gekauft hat, so steigt der Preis dieses Telefons schon allein deswegen, weil der Euro weniger Dollar bringt.

Damit nicht genug, so sinkt der Wert einer Währung auch im eigenen Land. Das nennt man Inflation. Jedes Jahr teilen uns die Wächter der Inflation mit, um wie viel Prozent alles teurer geworden ist. Dabei fühlen viele Leute, dass diese Zahl nicht wirklich stimmen kann, denn vergleicht man einen heutigen Einkaufskorb mit dem von vor 10 Jahren, dann wird man sehen, dass für 100 € heute einfach weniger Waren gekauft werden können als früher. Der Wert des Geldes steht also nicht fest, denn was wir damit kaufen können, wird mal weniger, mal mehr, aber meistens einfach nur weniger.

Was ist die Konsequenz? Die Konsequenz ist das Verdienen des Geldes. Dieses muss sich ändern. Zum ersten muss die eigene Arbeit eine stetig steigende Geldsumme einbringen. Das nennt man dann eine Lohnerhöhung. Damit nicht genug, es muss auch das Geld arbeiten. Wer eine Geldsumme daheim oder auf dem Bankkonto hat, muss diese Geldsumme entweder nutzen, um damit Geld zu machen oder akzeptieren, dass die Kaufkraft und damit der Wert des Geldes langsam aber beständig abnimmt.

Dieses eiserne Gesetz des Marktes hat die P2P-Kredite schon vor hunderten, ja schon vor tausenden, von Jahren hervorgebracht. Verdient man Geld mit der eigenen Arbeit, so sind einem Grenzen gesetzt. Hier muss man mit dem eigenen Verständnis ruhig sehr frei umgehen. Die eigene Arbeit kann so einfache Dinge wie das Nähen eines Kleides oder das Handwerk eines Bäckers beschreiben oder so umfangreiche Tätigkeiten wie das Führen eines eigenen Geschäftes beinhalten. Das Geschäft mag klein oder groß sein. Der eigene Beruf mag der eines Buchhalters, einer Putzkraft oder die Führungskraft eines großen Unternehmens sein. Der Möglichkeit Geld zu verdienen sind immer Grenzen gesetzt. Die Grenzen liegen einfach darin, dass ein Tag nur 24 Stunden hat. In dieser Zeit muss man seine Arbeit verrichten, essen, trinken, schlafen, Zeit mit der Familie verbringen und was sonst noch im eigenen Leben wichtig ist erledigen.

Hat man sein Tagwerk oder sein Monatswerk verrichtet und sein Geld erhalten, beginnt dessen Verfall. Die Inflation zehrt das Geld unerbittlich auf. Das einzige, was man dagegen tun kann, ist mehr davon zu verdienen. Wie aber verdient man mehr, wenn man die Grenzen seiner Leistungskraft erreicht hat?

Hunderte und tausende Jahre zuvor sahen sich die erfolgreichen Geschäftsleute genau diesem Problem ausgesetzt. Was konnten sie tun, um nicht ihr Geld einfach nur deswegen zu verlieren, weil sie es in der Truhe aufbewahrten? Sie konnten es nicht in das eigene Geschäft investieren, denn sie hatten die eigene Leistungsfähigkeit erreicht. Sie mussten den Betrieb führen und unter Kontrolle halten. Taten sie das nicht, würden ihre eigenen Angestellten nur allzu leicht etwas veruntreuen oder falsche Entscheidungen treffen. Wohin also mit dem Geld, wenn das eigene Geschäft die Leistungsgrenze erreicht hatte?

Dem erfolgreichen Erwerb der Geschäftsleute, die ihre Leistungsfähigkeit erreicht hatten, stand eine andere Personengruppe gegenüber. Dies waren die Gewitzten, die eine Idee hatten, aber kein Geld. Davon gab es mehr als genug. Sie waren noch weit von dem Erreichen ihrer Leistungsgrenzen entfernt. Da kam die Idee auf, dass die alte Garde, die mit dem Geld, aber ohne Leistungsreserven, das Geld den Jungen liehen. Die Jungen, die Neuen, die noch Zeit und Arbeitskraft zur Verfügung hatten, konnten ein Geschäft mit dem geliehenen Geld aufbauen und dann das Geld zurückzahlen. In Anerkennung des Risikos des Investors und als Dank zahlten sie das Geld mit Zinsen zurück. So ermöglichte es der alteingesessene Geschäftsmann dem Jungen auf dem Markt Fuß zu fassen und verdiente dabei an dessen Leistungsfähigkeit mit. Dies ist die erste Form des P2P-Kredites.

Natürlich entwickelte sich diese Geschäftsform wie so viele anderen auch. Kreditnehmer wollten anonym bleiben, Kreditgeber auch und letztere wollten sicher sein, dass sie ihr Geld zurückerhielten, am besten mit den vereinbarten Zinsen. Das brachte die professionellen Geldverleiher auf das Tapet. Diese verliehen nicht ihr eigenes Geld. Sie halfen nur dabei, dass sich Kreditnehmer und Kreditgeber fanden, ohne sich dabei persönlich zu treffen. Die Geldverleiher vermittelten nur dabei, ähnlich der Plattformen im Internet von heute. Die Geldverleiher prüften den Kreditnehmer auf dessen Bonität und schafften so ein Vertrauen bei dem Kreditgeber. Natürlich bekamen sie für ihren Aufwand eine kleine Gebühr. Sie halfen auch bei der Bestimmung der Zinsen. Diese richteten sich, wie auch heute noch, nach der Sicherheit des Kredites. Je sicherer die Rückzahlung war, desto niedriger waren die Zinsen. Je gefährlicher jedoch, das heißt, je wahrscheinlicher ein Zahlungsausfall war, desto höher waren die Zinsen.

Das Risiko eines Zahlungsausfalles trugen die Kreditgeber. Das war das Gute am Geschäft eines professionellen Geldverleihers. Er bekam seine Gebühr bei der Auszahlung des Kredites, er war also sicher. Dennoch waren die Geldverleiher sehr vorsichtig. Vermittelten sie zu viele schlechte Kredite, bekamen sie Schwierigkeiten dabei, neue Kreditgeber zu finden.

Die gute Entwicklung der Banken und der Gehälter bewirkte eine Veränderung des Kreditmarktes. Banken ermöglichten nun auch ein weitgehend unbeschwertes Abwickeln von Krediten. Höhere Gehälter bewirkten ein Auftreten von immer mehr Menschen als Geldgeber. Jeder, von der Putzkraft bis zum Manager, brachte sein Gehalt entweder zur Bank oder bekommt es heutzutage auf sein Bankkonto ausgezahlt. Damit wird er zum Geldgeber. Alle Otto-Normalverbraucher geben mit ihrem Bankkonto ihr Einkommen oder Sparguthaben zur Bank. Diese verleiht das Geld oder investiert es und erwirtschaftet damit einen Profit. Als Dankeschön zahlt die Bank dem Kontoinhaber einen Zins.

Jedermann tritt damit als der Kreditgeber von damals auf. Die Banken ersetzten die professionellen Geldverleiher. Die Kreditnehmer gehen zur Bank und verhandeln dort ihre Kredit- oder Investitionsformalitäten. Das Risiko trägt nun die Bank. Im alten System geschah das Verleihen des Geldes zwischen dem Kreditgeber und dem Kreditnehmer, der professionelle Geldverleiher in der Mitte trat nur als Mittler auf. Im Bankensystem hat der Kreditgeber einen Vertrag mit der Bank und der Kreditnehmer einen separaten Vertrag ebenfalls mit der Bank.

Das Bankensystem brachte viele Vorteile. Es verlagerte das Risiko vom Kreditgeber auf die Bank. Musste der Kreditgeber von damals dem Geldverleiher als Vermittler des Kredites vertrauen, hat die Bank nun das Risiko selbst. Das ist gut so, denn die Bank, nicht der Kreditgeber, kennt den Entleiher und prüft seine Bonität.

Im Bankensystem erspart sich der Kreditgeber ein langwieriges Verhandeln mit dem Kreditnehmer. Die Verhandlungen werden von der Bank geführt. Der Kreditgeber deponiert einfach sein Geld auf dem Konto. Das bringt den weiteren Vorteil, dass nun auch relativ kleine und kleinste Geldvermögen teilnehmen können, denn eine Bank vermittelt keine Kredite zwischen einzelnen Bankkonten und einzelnen

Kreditnehmern. Vielmehr behandelt sie das Geld aller Konten zusammen als ihre Investitionsmasse. So erhalten auch kleinste Geldmengen eine Chance, am Finanzverkehr der Großen teilzunehmen. Jeder Euro, ähnlich einem Tropfen Wasser im Ozean, bildet dabei einen Teil einer sehr viel größeren Geldmenge.

Neben dem Vereinfachen der Prozesse des Geldgebens und Kreditnehmens und der Risikoverlagerung sollte das Banksystem noch einen weiteren Vorteil bringen. Es sollte ein stabiles System bilden. Die Stabilität kommt dabei von einem sehr einfachen Gedanken. Da die Bank das Risiko trägt, prüft sie jeden Kreditnehmer oder jede potentielle Investition sehr genau. Damit sichert sie ihr eigenes Überleben und damit einen gesunden Finanzmarkt. Dieser Gedanke hat jedoch einen kleinen Fehler.

Banken können nicht nur Geld verleihen oder investieren, sie *müssen* es tun. Warum? Weil sie das Geld auf den Konten Geld kostet. Jeder Euro auf dem Bankkonto bekommt Zinsen. Dabei handelt es sich um Millionen und Milliarden pro Bank und pro Jahr. Dieses Geld muss erstmal erwirtschaftet werden. Dazu kommen die Kosten für den Betrieb der Bank und natürlich der nötige Unternehmensgewinn. Die Bank muss also das Geld in Umlauf bringen und mit Zinsen zurückgezahlt bekommen. Das führt zu einer oder häufig auch mehreren, negativen Entwicklungen. Sind all die guten Kredite bedient, muss die Bank auch schlechte bedienen, um die gewünschten Einkommen zu erzielen. Dabei hoffen die Banken natürlich immer, dass alles gut geht. Dazu kommen andere, oft nicht so leicht verständliche Geschäfte und Anlagen. Darunter fallen die oft beschriebenen Hedgefonds. Man kann der Bank das mitunter kaum vorwerfen. Die vielen Konten und Spareinlagen müssen ja bedient werden.

Die Folge solcher Bankgeschäfte waren in den letzten 20 Jahren nur allzu deutlich zu erkennen. Einige Banken gingen Pleite, andere mussten von den Staaten gerettet werden. Oftmals wird den Staaten die Bankenrettung vorgeworfen. Allerdings wurden dabei aber auch massenhaft die Sparanlagen der kleinen Leute gerettet.

Bankenpleiten und Bankenrettungen haben das Vertrauen der Anleger jedoch erschüttert. Anstelle der nicht transparenten, komplizierten und unverantwortlichen Praktiken wollen viele wieder genau wissen, wem sie wie viel Geld aus welchen Gründen leihen. Das führt zur Rückkehr des alten Geldverleihers. Heutzutage gestattet das Internet, dieses Geschäft auf den entsprechenden Plattformen zu erledigen. Wie zuvor bleiben die Kreditnehmer gegenüber dem Kreditgeber weitestgehend anonym. Wie zuvor der Geldverleiher, so überprüft heute auch die Plattform die Bonität des Kreditnehmers. Wie zuvor, so trägt auch heute der Kreditgeber das Risiko eines Ausfalls des Kredites. Wie zuvor, so kann auch heute der Kreditnehmer erklären, wofür er das Geld braucht und wie er sich die Rückzahlung vorstellt. Es handelt sich also um ein altes System in einem neuen Gewand.

Wie funktionieren P2P-Kredite

P2P-Kredite können nach unterschiedlichen Modellen ablaufen. Die Modelle sind das der Familie und Freunde, das Crowdlending, der Marktplatz und die P2P-Kredite, die ein wenig von allem einfangen wollen.

Das Modell der Familie und Freunde baut auf sozialen Beziehungen auf. Es steht nicht so sehr das Streben nach Gewinn im Vordergrund, sondern der Gedanke, jemanden unter die Arme zu greifen. Oftmals kennen sich der oder die Kreditnehmer und Kreditgeber schon zuvor. Sie schalten nur jemand Drittes in die Mitte, um einander abzusichern. Dieser Dritte verfügt normalerweise über besondere Kompetenzen in diesem Bereich, das heißt, er oder sie kann beide Parteien beraten und bei Problemen der Schuldentilgung hilfreich eingreifen. Am einfachsten geht es dabei direkt über eine der Plattformen. Die Parteien kennen sich dann entweder schon wirklich persönlich, sie haben sich getroffen oder leben in der Nachbarschaft, oder sie sie haben sich in einem der sozialen Netzwerke kennengelernt. Üblicherweise geht einem solchen Geldverleih eine lange Beziehung oder eine lange Geschichte voraus.

Das Modell des Crowdlending ähnelt ein wenig dem Crowdfunding. Jemand hat eine Idee. Normalerweise bezieht sich diese Idee auf eine Möglichkeit, Geld zu verdienen. Dies können Start-ups oder andere gewerbliche Investitionen sein. Eine Gruppe von Personen stellt dann einer anderen Gruppe oder einer einzelnen Person das gewünschte Geld zur Verfügung. Wie bei jedem anderen Kredit wird dann das Geld entsprechend mit einer Verzinsung zurückgezahlt. Das Crowdlending kann dabei ebenso dem sozialen oder dem Gewinn-Aspekt folgen. Besonders günstige Kredite werden nicht als pure Gewinnabsicht gewährleistet. Spezielle Modelle des Crowdlending sind Microfinancing-Institute. Diese befinden sich überwiegend in Entwicklungsländern und beziehen ihre Geldmittel von Ländern in Europa oder Nordamerika. Das zur Verfügung gestellte Geld wird wieder zurückgezahlt, doch es erfolgen entweder keine oder nur sehr geringe Zinszahlungen.

Der Marktplatz dagegen schaut einzig auf den Gewinn. Hier erfolgt die Kreditvergabe oftmals nach dem Auktionsprinzip. Der Kreditwunsch wird eingestellt und die Kreditgeber können die gewünschten Zinsen bieten. Diese richten sich nach dem Risiko und den Gewinnmöglichkeiten. Der Kreditnehmer wird also dahingehend unter die Lupe genommen, wie sicher er das Geld zurückzahlen kann und welche Zinslast er maximal zu schultern in der Lage ist. Es geht also nicht darum, einen möglichst einfachen Kredit zur Unterstützung zu gewähren. Vielmehr soll der höchstmögliche Zinssatz und damit der höchstmögliche Gewinn erzielt werden. Diese Spielart kann sogar so weit gehen, dass der Kreditnehmer zum Spielball der Kreditgeber wird. Diese können dann nämlich nach Belieben die Kredite und damit die Rückzahlungsforderungen untereinander verkaufen.

Diese Modelle bilden die Extreme. Das Familien-und-Freunde-Modell richtet sich vor allem nach den sozialen Beziehungen. Das Crowdlending entspricht mehr dem Prinzip des Spendens. Während man sein Geld nicht wirklich direkt spendet, man bekommt es ja zurückgezahlt, so spendet man doch die Zinsbeträge, die man damit eben nicht erwirtschaften kann. Das Gleiche kann man vom Familien-und-Freunde-Modell sagen. Das Marktplatzmodell ist das genaue Gegenteil. Es kommt nicht auf Schicksale und Beziehungen an, sondern einzig und allein auf die finanzielle Leistungsfähigkeit.

Das System der P2P-Kredite von heute möchte genau in der Mitte stehen, um von allem etwas einzufangen. Es hat eine soziale Komponente. Jeder Kreditnehmer kann entscheiden, wie viel er von sich preisgibt. Er kann erklären, warum er das Geld leihen möchte. Er kann aufschlüsseln, wie viel jeder einzelne Posten in seinem Kreditwunsch kostet und so an die Leser appellieren. Es handelt sich zwar nicht direkt um ein soziales Netzwerk, doch man kann so als Kreditgeber eine gewisse Nähe zum potentiellen Kreditnehmer entwickeln. Dieses hilft letzterem auch, entsprechend Kreditgeber zu finden.

Einige Plattformen bieten Chatfunktionen, so dass man weitere Fragen stellen kann. Dies ermöglicht es, eine Familien und Freunde ähnliche Situation zu schaffen. Man verleiht sein Geld nicht einfach, man verleiht es an diesen speziellen Kreditnehmer, damit ihm in dessen besonderen Situation geholfen werden kann.

Die heutigen P2P-Kredite gleichen auch etwas dem Crowdlending. Das kommt vor allem in dessen Ähnlichkeit zu Spenden und Microfinance-Instituten zum Tragen. Einige Plattformen erlauben dabei zwei ganz wichtige Komponenten: Die erste Komponente ist das Verhandeln des Zinses zwischen dem Kreditnehmer und -geber. Der Kreditgeber kann also in einem bestimmten sozialen Fall seine Zinsen extra niedrig ansetzen. Daher verliert er zwar potentiellen Gewinn, hilft aber gleich einer Spende. Die zweite Komponente ist die geringe Summe. Microfinance-Institute bieten kleine Summen als Kredite. Einige P2P-Plattformen bieten Kredite von mindestens 250 €. Damit sind sie für Deutschland gesehen schon im Bereich der Kleinst- und Mikrokredite.

Auf der anderen Seite können die Kredite ganz hart nach Kriterien der Bonität ausgewählt und Zinsverhandlungen mit einem Auge auf den Gewinn geführt werden.

Je nach Gewinnabsicht sollte man für eine erfolgreiche Investition damit beginnen, die richtige Plattform für einen selbst auszuwählen. Will man Zinsverhandlungen selbst führen? Will man einfach nur maximalen Gewinn mit möglichst geringem Aufwand erzielen? Da nicht jede Plattform es gestattet, mit dem Kreditnehmer in Kontakt zu treten oder die Zinshöhen zu verhandeln, sollte man sich also erst selbst genau informieren, wo man was machen kann.

Ist die richtige Plattform ausgewählt, beginnt die eigene Registrierung. Als Kreditnehmer ist diese weit komplizierter als aus Kreditgebersicht. Das leuchtet auch leicht ein. Der Kreditnehmer muss seine Bonität gegenüber den potentiellen Kreditgebern glaubhaft machen. Als Kreditgeber ist das einfacher. Man gibt seinen Namen an, unterzieht sich unter Umständen einem Identitätsnachweis und richtet sein Konto ein. Der Identitätsnachweis ist vor allem dann ein wichtiges Moment, wenn man nicht innerhalb Deutschlands, sondern in andere Länder P2P-Kredite vergeben möchte.

Ist das Konto eingerichtet, kann das eigentliche Investieren beginnen. Man kann dabei individuell nach seinen Wünschen die Kredite aussuchen oder man sagt dem Computer, was man will, und lässt ihn für sich arbeiten. In beiden Fällen ist das Grundprinzip das Gleiche. Um es besser zu verdeutlichen sei das Prinzip immer gegenübergestellt zum Kreditnehmer erklärt.

Ein Kreditnehmer meldet sich an und wird erstmal auf seine Bonität überprüft. Beruhend auf dem Ergebnis dieser Überprüfung wird er in eine Risikoklasse eingeordnet. Je nach Plattform kann es sich dabei um vier bis sieben verschiedene Klassen handeln. Das Grundprinzip ist jedoch bei allen Plattformen gleich. Je höher das Risiko, desto schlechter die Risikoklasse. Ist die Risikoklasse schlecht, steigen die Zinsen. Diese sind auf einigen Plattformen nicht verhandelbar, doch auch auf den Plattformen mit Zinsverhandlungen ist der Zinsrahmen, innerhalb dessen verhandelt werden kann, für höhere Risikoklassen auch entsprechend höher.

Als Investor kann man anhand der Risikoklasse schnell ablesen, ob man auf eine schnelle und unkomplizierte Rückzahlung hoffen kann oder auch mal mit dem Ausfall eines riskanten Kredits rechnen muss.

Ist der potentielle Kreditnehmer eingestuft, kann er seinen Kreditwunsch angeben. Dabei steht es ihm frei, Informationen über sich für die Kreditgeber zugänglich zu machen. Als Faustregel kann man sagen, dass der Kreditwunsch mehr Erfolgsaussichten hat, je mehr Informationen er über das zu finanzierende Projekt bietet. Dies suggeriert Vertrauen beim Kreditgeber. Ist der Kreditwunsch entsprechend angegeben, wird er in Noten zu 25 € unterteilt.

Soweit vorbereitet, sind nun die Investoren an der Reihe. Wer einen höheren Zinssatz wünscht und das Risiko nicht scheut, kann bewusst nach den höheren Risikoklassen schauen. Wer mehr Wert auf Sicherheit legt, sollte nach den niedrigen Risikoklassen suchen. Welche Risikobereitschaft man auch hat, man kann bei der Anlage seines Geldes einen von zwei verschiedenen Wege beschreiten.

Der erste Weg ist für die, die den Banken und den Computern nicht so viel Vertrauen schenken und lieber genau wissen wollen, wo sich ihr Geld befindet und was es dort treibt. Diese Investoren können sich die einzelnen Kreditwünsche der Kreditnehmer selbst ansehen und genau durchlesen. Das hat den Vorteil, dass man dabei ein wenig die Glaubwürdigkeit des Kreditnehmers einschätzen kann. Dazu kann man sich auch eine eigene Meinung über dessen Risiko und die Einordnung in seine Risikoklasse bilden. Mit ein bisschen Glück findet man dabei jemanden in einer ganz hohen Risikoklasse mit richtig hohen Zinsen, der aber in Wahrheit recht vertrauenswürdig und solide in seinen Rückzahlungsfähigkeiten ist. Dank der Aufspaltung des Kreditwunsches in Noten zu 25 € kann man auch sehr individuell entscheiden, wie viel Geld man dem einzelnen Kreditwunsch zuerkennt. Je vertrauenswürdiger, desto mehr kann man in ihn investieren.

Der andere Weg ist für die, die einfach nur investieren wollen und sich nicht damit zu befassen wünschen, wem sie warum wie viel Geld geben. Für diese Investoren bieten die Plattformen einen sehr nützlichen Service. Unter dem Namen Portfoliobuilder oder Portfoliopilot verbergen sich Programme, die die Auswahl der Kredite ganz von allein vornehmen. Man gibt einige Kriterien ein, nach denen sie dabei vorgehen sollen. Unter anderem kann man so wählen, wie das Geld verteilt wird. Will man lieber wenige Kredite mit hoher Beteiligung oder lieber viele kleine Kredite. Dazu kommt natürlich die Summe, die man dem Programm für die Arbeit zur Verfügung stellt. Ganz wichtig, man sollte nicht vergessen, dem Programm die Risikoklasse der gewünschten Kredite vorzugeben. Sind die einzelnen Kriterien vorgegeben, kann man dem Programm bei der Arbeit zusehen oder sich vor dem Fernseher zurücklehnen.

Sind die Kredite ausgewählt, werden diese auf der Plattform vorgemerkt. Es kann mitunter einige Tage dauern, bis sich genug Investoren für einen Kredit finden. Sind aber alle Noten eines Kredites bedient, so wird der Betrag entweder von den Investoren an die Plattform überwiesen oder von ihren Konten abgebucht. Wichtig ist, dass man das Geld nie direkt an den Kreditnehmer überweist. Dieser bekommt die ganze Summe in einer Zahlung von der Plattform, ohne die einzelne Herkunft des Geldes zu erfahren. Bevor der Kreditnehmer das Geld jedoch ausgezahlt bekommt, muss er den Kreditvertrag unterschreiben. Ist der Papierkram erledigt, erfolgt die Überweisung. Meistens wird bei dieser Überweisung auch gleich der Betrag einbehalten, den die Plattform für ihre Vermittlungstätigkeit verlangt.

Oftmals wird der Kreditvertrag nicht zwischen dem Kreditnehmer und der Plattform, sondern zwischen ihm und einer Partnerbank der Plattform unterschrieben. Das hat wiederum zwei Vorteile.

Der erste Vorteil ist die rechtliche Absicherung der Kreditgeber. Während in Deutschland grundsätzlich die Vertragsfreiheit gilt, was auch die Freiheit der Vergabe von Krediten beinhaltet, so ist doch die gewerbsmäßige Kreditvergabe streng geregelt. Für diese braucht der Kreditgeber eine spezielle Lizenz. Die Bank enthebt den privaten Anleger dieser Verantwortung, denn er legt das Geld nur an, während die Bank es gewerbsmäßig verleiht und dafür natürlich alle Lizenzen besitzt.

Der zweite Vorteil tritt ein, wenn die Rückzahlung einmal nicht wie erwartet erfolgt. Eine Bank hat natürlich bessere Chancen, das Geld einzutreiben, als eine Privatperson. Man kann sich also zurücklehnen und entspannen.

Hat man als Investor das Geld überwiesen und wurde das Geld entsprechend an den Kreditnehmer nach Vertragsunterzeichnung ausgezahlt, beginnt der Rückzahlungszyklus. Jeden Monat überweist der Kreditnehmer einen vereinbarten Betrag an die Partnerbank oder die Plattform. Je nach Menge der Investoren in den Kredit und der eingekauften Noten wird die Rate aufgespalten. Jeder Investor erhält so monatlich einen kleinen Betrag seines Kredites plus die dazugehörigen Zinsen auf sein Konto.

Die Zinsangaben auf den Plattformen beziehen sich auf ein Jahr. Dies kann natürlich ein wenig zu Verwirrung führen, sollte einmal ein Kredit schneller als geplant abgelöst werden. Viele Plattformen bieten diese Möglichkeit unentgeltlich. Das kann je nach Plattform und Vertrag dazu führen, dass man zwar das Geld schneller als erwartet zurückerhält, dabei aber gleichzeitig der Zinsen verlustig geht.

Insgesamt gesehen handelt es sich also um ein sehr einfaches System. Der Kreditwunsch eines Kreditnehmers wird in 25 € Noten aufgeteilt, von denen man sich beliebig viele, von nur einer bis zur vollen Kreditsumme, einkaufen kann. Haben alle Noten eines Kredites einen Kreditgeber gefunden, wird die Summe an die Plattform oder Partnerbank gezahlt. Diese erstellt einen Kreditvertrag mit dem Kreditnehmer und zahlt ihm die Summe aus. Dabei geht kein Geld von dem Kreditgeber direkt an den Kreditnehmer. Bei der Auszahlung der Kreditsumme behält die Plattform die Vermittlungssumme ein. Nach der Auszahlung beginnt der Rückzahlungszyklus. Auch hier wird kein Geld direkt von dem Kreditnehmer an den -geber gezahlt, sondern alles wird über die Partnerbank oder Plattform abgewickelt. Eine Partnerbank ist von Vorteil, denn sie hat die Lizenz zum gewerblichen Geldverleih und hilft bei der Eintreibung des Geldes im Falle eines Zahlungsverzuges oder -ausfalls. Als Kreditgeber kann man sich die Kreditnehmer selbst aussuchen oder von einem Programm aussuchen lassen. Je nach Gewinnstreben und Risikolaune kann man dabei riskante und hochverzinste oder geringverzinsliche und sichere Kredite auswählen. Je nach Plattform kann man dabei sogar noch selbst Verhandlungen über die Höhe der Zinsen führen.

Wer nimmt P2P-Kredite in Anspruch

Will man in eine Anlage investieren, dann will man sein Geld auch wiedersehen. Am besten kommt es mit einer Portion Gewinn zu einem zurück. Daher ist es auch wichtig zu verstehen, wer solche P2P-Kredite in Anspruch nimmt. Die erste Idee ist meist, dass die Kreditnehmer diejenigen mit einer geringen Bonität sind. Sie nehmen einen P2P-Kredit in Anspruch, weil sie eine Bank niemals akzeptieren würde. Wenn aber eine Bank sie ablehnt, warum sollte man als Investor ihnen vertrauen. In anderen Worten, sie sind eine sehr fragwürdige Anlage, der man am besten aus dem Weg geht. Das ist jedoch etwas kurz gedacht und sollte ein wenig mehr hinterfragt werden.

Will man die P2P-Kredite verstehen, muss man sich bewusst sein, dass sie noch recht neu in der heutigen Zeit, aber schon recht lange auf dieser Welt sind. Schon vor der Annexion des Kreditmarktes durch die Banken hat es den Geldverleih als Gewerbe recht erfolgreich gegeben. Nur weil man dazu wieder zurückkehrt, bedeutet es nicht, dass die Kreditnehmer weniger vertrauenswürdig sind.

P2P-Kredite und Banken verhalten sich in etwa wie der Autoverkauf von Privat zu Privat mit dem Autohaus. Warum kaufen so viele Leute das Auto von einem privaten Verkäufer? Sie wollen Geld sparen. Ein privater Verkäufer kann das auch ganz einfach. Er muss keinen Gewinn zur Finanzierung der Gewerbesteuern, des gewerblichen Grundstückes, der Gehälter und aller anderen Kosten machen, die ein Gewerbe mit sich bringen. Der private Autoverkäufer will nur etwas verdienen.

Die Kreditnehmer bei P2P-Krediten sind meist Privatbürger oder kleine Unternehmen. Sie wollen einen günstigen Kredit, den sie so günstig nicht bei einer Bank erhalten würden. Wie das Autohaus, so muss auch eine Bank Steuern entrichten, Häuser unterhalten, Gehälter zahlen und was noch alles dazu kommt. Eine Internetplattform dagegen lässt sich mit sehr viel geringerem Aufwand betreiben. Die Folge sind niedrigere Zinsen.

Wie bei dem Privatverkauf im Vergleich zum Autohaus, so geht man auch beim P2P-Kredit ein höheres Risiko im Vergleich zu einer Bank ein. Wer ein Auto kauft, hat Gewährleistungsansprüche gegenüber dem gewerblichen Händler, allgemein als Garantie bekannt. Ist das Auto nicht fahrtüchtig, wird es kostenlos repariert. Wer sein Geld auf eine Bank bringt und die Bank verleiht es, geht kaum ein Risiko ein. Zahlt der Kreditnehmer das Geld nicht zurück, so verliert nur die Bank Geld, nicht aber der Kontoinhaber. Bei einem P2P-Kredit jedoch verliert der private Kreditgeber sein Geld, wenn es zu einem Zahlungsausfall kommt. Daher sollte bei beiden Verfahren, dem privaten Autoverkauf und beim P2P-Kredit, derjenige, der sein Geld gibt, den anderen doch etwas kennen. Daher seien hier einige potentielle P2P-Kreditnehmer vorgestellt.

Einer der häufigsten Kreditnehmer ist die wirkliche Privatperson. Diese kann in den verschiedensten Gestalten auftreten. Es kann sich um den Junggesellen handeln, der einen neuen Computer braucht, um einen Studenten oder um ein junges Paar, das ein neues Leben beginnen möchte. Alle haben sie etwas gemeinsam. Sie sind jung. Was bedeutet das? Heute genauso wie vor hunderten und tausenden von Jahren ist das Leben ein wenig ungerecht, wenn man die jungen Menschen mit der älteren Generation vergleicht. Der Unterschied ist zweierlei. Junge Menschen haben oft ein geringeres Einkommen als ihre Mütter und Väter oder ganz allgemein, die älteren Menschen. Der Grund dafür ist einfach. Die Jungen haben noch keine Erfahrung, haben vielleicht noch nicht einmal einen Job, wie womöglich das Beispiel des oben genannten Studenten. Keine Erfahrung bedeutet ein geringeres Gehalt. Mit dem Alter wächst die Erfahrung und dabei das Gehalt. Dem niedrigeren Gehalt steht der zweite Unterschied gegenüber. Ältere Menschen haben sich eingerichtet. Sie haben eine Wohnung, das Mobiliar, ein oder zwei Autos und brauchen nichts weiter anzuschaffen. Die Jungen dagegen müssen eine Wohnung finden, sie brauchen ein Auto, das sie erst noch kaufen müssen, und wollen sich in ihrem Leben einrichten. Ein Ausgleich ist der Kredit. Dieser erlaubt es den Jungen, das Geld jetzt zu haben und dann später zurückzubezahlen. Sieht so ein Kreditnehmer ohne Bonität aus? Eher nicht. Der Student, mit oder ohne Einkommen, wird einen guten Job bekommen und kann das Darlehen dann entsprechend bedienen. Er ist sogar so gut in seiner Bonität, dass die Banken spezielle Kredite, die sogenannten Studentenkredite, für ihn haben. Diese aber haben ein Problem, sie sind sehr, sehr teuer.

Während diese junge Generation also Kredite braucht und zurückzahlen kann, wird sie aber nur schwerlich einen bekommen, jedenfalls im Vergleich zur älteren Generation. Die Jungen haben noch kein jahrelanges, stabiles Gehalt vorzuweisen. Sie besitzen keine Häuser oder Autos, die sie als Sicherheit einsetzen können. Dabei steht ihnen die Welt doch offen. Sie haben entweder schon einen guten Beruf oder können bald einen finden. Der Junggeselle mit dem Wunsch nach einem Computer wird auch bei einem kleinen Gehalt in der Lage sein, einen Kredit zu verdienen. Er hat ja niemanden, um den er sich kümmern muss. Das junge Paar, das sich in seinem Leben einrichten will, hat zwei Personen, die zusammen mit Sicherheit genug Geld monatlich aufbringen können, um die Ratenzahlungen zu leisten. Wie also bekommt diese junge Generation die Kredite, die sie braucht?

Die Bank wird sie wegen zu geringer Bonität zurückweisen oder aber mit sehr hohen Zinsen belasten. Sie werden auch nicht auf mögliche Argumente hören. Banken haben ihre strengen Regeln, die die Verantwortlichen in den Kreditabteilungen befolgen müssen. Der Manager, der in der Bank über die Kreditvergabe entscheidet, kann eben nicht auf seine eigenen Gefühle und seine eigene Meinung hören. Er muss sich zuerst an die Politik der Bank halten. An ihn zu appellieren, ist also völlig nutzlos. An dieser Stelle bietet der P2P-Kredit ein gute Alternative. Es handelt sich bei dieser Gruppe überwiegend um zahlungskräftige Personen, die ihre Zahlungskraft jedoch nicht langwierig beweisen oder mit Sicherheiten untermauern können, denn ihr

Leben liegt noch vor ihnen.

Neben dieser Gruppe steht die Gruppe der Jungunternehmer. Sie haben eine Geschäftsidee. Die Idee ist mitunter sogar sehr gut. Eine Bank würde in sie investieren, doch sie verlangt einiges. Das „einiges" sind Sicherheiten, Einkommensnachweise und einen vollkommener, lückenloser und perfekter Geschäftsplan. Letzteren können viele Jungunternehmer einfach nicht liefern. Um einen solchen Plan zu erstellen, müssten sie Wirtschaft studiert haben. Dabei haben aber auch viele gute Ideen, ohne ein Wirtschaftsstudium abgeschlossen zu haben. Sie könnten zwar jemanden dafür bezahlen, den Geschäftsplan zu schreiben, doch die Kosten dafür, jemand anderes einen solchen Plan erstellen zu lassen, können schnell in die Tausende gehen. Wie kann das ein Jungunternehmer mit beschränktem Einkommen stemmen? Gar nicht, insbesondere dann, wenn er all sein Geld für sein Unternehmen braucht. Hat ein Jungunternehmer einen langreichenden Einkommensnachweis? Das Wort „Jungunternehmer" sagt es schon, er ist jung. Damit ist die Antwort schlicht nein, denn er hat noch keine lange Erwerbsgeschichte. Niemand wird mit 15 Jahren Anwalt und kann dann mit 25 Jahren einen lückenlosen Lebenslauf ohne Berufspausen aufweisen.

Dann bleiben da eben noch die Sicherheiten. Wie so oft im Leben haben die jungen Leute aber noch kein eigenes Haus oder einen eigenen Betrieb oder Gold oder was auch immer als Sicherheit für die Bank. Wie also sollen sie da Geld bekommen? Auf den P2P-Plattformen können sie ihre Geschäftsidee allgemeinverständlich vorbringen. Sie können dort auch ohne Studium der Wirtschaft ihre Idee präsentieren. Man kann sich darin einlesen, vielleicht etwas recherchieren und vergleichen und dann als Kreditgeber die Erfolgsaussichten abschätzen. Da man als Kreditgeber die nötigen Mittel für eine Kreditvergabe hat, hat man wahrscheinlich auch genug Erfahrung, um die Idee der jungen Generation zu beurteilen.

Dann sind da natürlich noch die harten Fälle. Das sind diejenigen, die Schnellkredite brauchen und wahrscheinlich keine Schufa-Auskunft überstehen. Entweder haben sie schon einmal einen Kredit nicht bedient oder es liegt ein schwebendes Verfahren gegen sie vor. Solche potentiellen Kreditnehmer werden von den Plattformen herausgepickt. Je nach Plattform verschieden wird dann unterschiedlich mit ihnen umgegangen. Manche lehnen sie rundweg ab, andere laden sie zu einem Gespräch ein und versuchen festzustellen, wo denn das Problem liegt. Manche geben ihnen eine Chance, doch sie versehen sie mit einer entsprechenden Warnung. So kann der Kreditgeber ganz allein über sein Risiko entscheiden.

Es bleibt jedoch festzustellen, dass auch die Plattformen mit P2P-Krediten, ähnlich den Banken, Bonitätsüberprüfungen vornehmen. Während sie vielleicht nicht so genau und streng wie die klassischen Banken sind, haben sie dennoch einen gewichtigen Grund, potentielle Nicht-Bezahler auszusieben. Wie schon die professionellen Geldverleiher der alten Tage, so können es sich die P2P-Plattformen nicht leisten, dass viele Anleger ihr Geld verlieren. Ist der Ruf einer Plattform erst einmal ruiniert, dann kann sie ihr Geschäft nur noch schließen. Das gilt heute nur umso mehr, denn in der Zeit der sozialen Netzwerke und Internetnachrichten reisen die Neuigkeiten über schlechten Service, vor allem wenn es sich um viele Betroffene und viel Geld handelt, sehr schnell. Bewertungsseiten und Foren würden noch ihr übriges tun. Man braucht jedoch nicht so weit denken. Wie gezeigt, so handelt es sich doch bei den meisten Kreditnehmern im P2P-Spielfeld um ganz normale Verbraucher, die einfach aufgrund natürlicher Umstände keinen Kredit bei einer normalen Bank bekommen. Während die Banken ihre strengen Regeln haben und Einzelschicksale kaum Beachtung finden können, bieten die P2P-Plattformen ihnen einen neuen Rahmen. Hier können die Kreditgeber selbst Anteil an den Geschichten, Gründen und Hintergründen nehmen und ganz gezielt und informiert ihre eigenen Entscheidungen fällen.

Wie wird der Kreditnehmer geprüft

Die Prüfung der Kreditnehmer erfolgt von Plattform zu Plattform verschieden. Es lohnt sich daher, einen Blick in die Abteilung für Kreditnehmer zu werfen, bevor man sein Geld investieren möchte. Grundsätzlich ist festzustellen, dass je mehr die Plattform prüft, desto mehr kann man sich sicher sein, dass man sein Geld auch zurückbekommt.

Im schlimmsten Fall verlassen sich die Plattformen bei ihrer Prüfung fast ausschließlich auf die Angaben des Kreditnehmers. In anderen Worten, jemand sitzt in seinen eigenen vier Wänden und füllt einen Antrag am Computer aus. In diesem Antrag beschreibt er sich und seine Situation. Diese Beschreibung sollte ehrlich erfolgen. Wer aber vertraut einem „sollte ehrlich erfolgen"? Würden Sie einem solchen „sollte ehrlich erfolgen" Ihr Geld anvertrauen? Wahrscheinlich nicht, doch einige Plattformen verleiten ihre Kreditgeber dazu. Auf diesen Plattformen wird der Kreditnehmer dazu angehalten, ehrlich zu sein. Dazu erfolgt auch eine Anfrage bei der Schufa. Das klingt gut und vertrauenerweckend, doch man sollte genauer hinschauen und vor allem den Wortlaut analysieren.

Den Anfang machen die eigenen Angaben. Jeder Kreditnehmer bleibt seinen potentiellen Kreditgebern gegenüber anonym, aber nicht der Plattform. Der Plattform gegenüber gibt er seinen Namen an. Dies geschieht aber manchmal unter einem „sollte ehrlich erfolgen". Was hält einen solchen Kreditnehmer davon ab, falsche Angaben zu machen? Normalerweise die Kontrolle, doch die fällt auf manchen Plattformen nur in sehr ausgewählten Fällen an. In allen anderen Fällen verlässt sich die Plattform auf die Ehrlichkeit der Antragsteller.

Ist der, womöglich falsche, Name angegeben, dann kommen Fragen über die eigene finanzielle Leistungsfähigkeit. Das beinhaltet Berufsstatus und Einkommen und womöglich die Vorstellungen über das zukünftige Verdienen. Das klingt doch vertrauenswürdig. Besonders da die Antragsteller dabei ehrlich vorgehen sollten.

Die Plattform beginnt dann mit ihrer Arbeit. Der, hoffentlich ehrlich angegebene, Name wird der Schufa nebst Anfrage über dessen Kreditwürdigkeit zugeleitet. Die Schufa kann nun ihren Kommentar dazu abgeben. Ist dieser Kommentar aber relevant? Nach den eigenen Angaben der Plattformen können auch Kreditnehmer mit einer negativen Schufa-Auskunft einen Kredit beantragen. Der Gedanke ist dabei, dass der Kreditgeber selbst entscheidet, wem er sein Geld leiht.

Dann sind da noch die ganz harten Fälle. Das sind die Kreditnehmer, gegen die ein Titel vorliegt, die offiziell zahlungsunfähig sind oder gegen die ein Haftbefehl vorliegt. Diese „sollten" keine Kreditanfrage stellen. Ebenso werden potentielle Kreditnehmer darauf hingewiesen, dass ihr Einkommen hoch genug sein „sollte", dass es eine Rückzahlung ermöglicht.

Spielt man sich das ganze Szenario einmal durch, dann kann alles gut gehen, es kann aber auch furchtbar schieflaufen. Daher nochmal, wenn man auf eine P2P-Plattform geht, um Geld zu verleihen, dann sollte man auch in die Unterseiten der Kreditnehmer schauen und sich ein Bild davon machen, wie diese überprüft werden.

Neben den Plattformen mit dem großen „sollte" gibt es aber auch die Plattformen mit dem großen Sicherheitscheck. Damit genügen sie zwei Anforderungen, der Anforderung der Sicherheit und des guten Service gegenüber ihren Kunden und der Anforderung des Gesetzes, Geldwäsche zu verhindern. Die Geldwäscheparagraphen greifen zwar nur bei höheren Summen, doch es schadet nichts, auch bei kleineren Krediten genauer zu schauen.

Alle Plattformen beginnen mit dem gleichen ersten Schritt. Der zukünftige Kreditnehmer füllt online ein Formular aus und gibt damit seinen Kreditwunsch bekannt. Nachdem dieser kalkuliert wurde, werden ihm die Raten und mitunter die Erfolgswahrscheinlichkeit genannt. Dann kann er diesen zustimmen oder ablehnen und es woanders versuchen. Stimmt er den Raten zu, kann er nun bei den „sollte"-Plattformen sein

Kreditprojekt den Investoren vorstellen. Er wird vielleicht irgendwann ein wenig mehr unter die Lupe genommen, nach dem Stichprobenprinzip oder er kann alles einfach online abwickeln. Im Falle einer erfolgreichen Kreditvermittlung jedoch wird ihm eine E-Mail geschickt, in der er alle Angaben in einem Formular erhält. Dieses druckt er aus und unterschreibt es. Danach schickt er es per Post an das Büro der Plattform. Das ist der „sollte"-Fall. Wer einen falschen Namen angab, kann auch mit einem falschen Namen unterzeichnen.

Die Plattformen mit dem großen Sicherheitscheck gehen nach dem Akzeptieren der Raten einen anderen Weg. Bis zum Akzeptieren kann der Kreditnehmer einfach seine Angaben machen. Nach dem Akzeptieren und bevor er wirklich sein Projekt auf die Plattformen stellen kann, muss er sich erst einmal beweisen. Das beginnt damit, dass er ein Bild seines Personalausweises mit der Vorder- und der Rückseite zur Plattform schickt. Dies verringert die Chancen einer falschen Angabe des Namens oder Wohnortes.

Neben dem Personalausweis muss der potentielle Kreditnehmer auch seine Gehaltsabrechnung einscannen und zur Plattform senden. Es wird also zunehmend schwieriger, einen Betrug vorzunehmen. Dazu kommen auch noch die Kontoauszüge der letzten 30 Tage.

Kontoauszüge und Einkommen werden nicht nur zur Personalienfeststellung genutzt, sondern vor allem auch zur Feststellung der Bonität. Die Plattform überprüft also, ob der Antragsteller überhaupt in der Lage ist, den potentiellen Kredit zu bedienen. Die Prüfung erfolgt dabei jedoch nicht so streng wie die einer Bank. Auch Leute mit geringerer Bonität werden zugelassen. Die Plattform gibt ihnen nur eine höhere Risikoklasse und überlässt es dem Kreditgeber, zu entscheiden, ob er einem solchen Kreditnehmer vertrauen möchte. Selbst ein negativer Schufa-Eintrag muss nicht unbedingt zu einer Ablehnung des Kreditwunsches führen. Wie auf den „sollte"-Plattformen erfolgt eine Ablehnung nur dann rundweg, wenn gegen den Antragsteller ein Haftbefehl, ein Titel oder eine Insolvenz vorliegt.

Auch wenn das Kürzel P2P für privat-zu-privat steht, können oftmals auch Unternehmer hier einen Kredit für ihr Unternehmen bekommen. Gerade Unternehmer haben es oft schwer, die strengen Voraussetzungen der Banken zu erfüllen. Daher erfreuen sich P2P-Plattformen über immer mehr Zustrom von Gewerben. Es handelt sich dabei oft um Kleinbetriebe und um Kredite von unter 50.000 €.

Auch Gewerbetreibende „sollten" auf einigen Plattformen ihre Informationen ehrlich angeben und werden auf anderen Plattformen überprüft. Die Überprüfung erfolgt mal strenger, mal weniger streng. Eine gute Überprüfung verlangt von einem Unternehmer viel mehr als von einer Privatperson.

Die verlangten Unterlagen für Unternehmer beginnen natürlich mit der Gewerbeanmeldung. Was der Personalausweis für die Person, das ist die Gewerbeanmeldung für das Unternehmen. Daher muss sie selbstverständlich eingescannt und zugesandt werden. Auch die Gehaltsabrechnung eines Arbeiters hat ihre Entsprechung in den Gewerben, dort aber in mehr als nur einem Dokument. Das beginnt mit den Geschäftskonten. Vorgelegt werden müssen die Auszüge der Geschäftskonten der vergangenen drei Monate. So lassen sich der aktuelle Finanzbestand und der aktuelle Geldeingang bestimmen.

Neben den Kontoauszügen muss auch der letzte Steuerbescheid vorgelegt werden. So lässt sich die finanzielle Gesundheit eines Unternehmens auch längerfristig feststellen. Dazu kommen eventuelle Steuerabschreibungsobjekte wie Immobilien und die Substanz des Betriebes. Hier macht eine gute Prüfung jedoch immer noch nicht halt. Verlangt wird auch die BWA des letzten Jahres und des aktuellen Geschäftsjahres. BWA steht für betriebswirtschaftliche Auswertung. Ähnlich einer Bilanz, so gibt auch die BWA über Geldeingang und Kosten Auskunft. Im Gegensatz zu einer Bilanz kann eine BWA für den aktuellen Zustand errechnet werden. Bilanzen dagegen brauchen einige Monate, sie kommen also mit einer Verspätung. Die Grundlage der BWA bildet die Finanzbuchhaltung. Die Plattformen gewinnen somit einen sozusagen intimen Einblick in das Unternehmen. Natürlich werden die Informationen nicht an die Kreditgeber weitergegeben. Sie werden zur Entscheidung herangezogen, ob der Kreditnehmer mit seinem Kreditwunsch zugelassen wird und welche Risikoklasse er besitzt. Dem Unternehmer steht es jedoch frei, diese Informationen zumindest teilweise auch dem Kreditgeber gegenüber vorzubringen.

Soweit kann man also feststellen, dass es einen gewaltigen Unterschied zwischen den Plattformen gibt. Während die einen sich fast ausschließlich auf die Ehrlichkeit des Antragstellers verlassen, wollen die anderen zumindest Bilder der Dokumente sehen.

Von den Unterschieden in den Plattformen abgesehen, bleibt jedoch eines festzustellen: Die Vermittlung der Kredite ist für die Plattformen ein Geschäft. Dieses Geschäft, anders als eine Bank, hat für die Plattform direkt praktisch kein Risiko. Eine Bank muss den Verlust bei ausgefallenen Krediten selbst tragen. Einen ausgefallenen Kredit auf einer P2P-Plattform trägt der Kreditgeber. Das ermöglicht den Plattformen ein sehr nachsichtiges Umgehen mit den Kreditnehmern. Schlimmer noch, jeder Kreditnehmer ist ein Investitionsobjekt. Je mehr davon auf der Plattform sind, desto besser. In anderen Worten, die Prüfung der Kreditnehmer erfolgt nicht mit dem Hintergedanken, diejenigen abzulehnen, die keine Kredite bedienen zu können, sondern möglichst viele Kreditnehmer und Kreditgeber zu gewinnen. Ohne Kreditnehmer gibt es auch keine Kreditgeber. Kreditnehmer mit einem höheren Risiko sind sogar höchst willkommen, denn sie ermöglichen eine höhere Zinsrate.

Behält man diese Umstände im Hinterkopf, dann überrascht auch nicht die Werbung der P2P-Plattformen. Sie beschreiben gerade auf ihren eigenen Seiten, wie sehr sich ein solcher Kredit gerade für Kreditnehmer mit geringer Bonität lohnt. Damit wird sogar auf die Personengruppen gezielt, die von Banken mit Sicherheit abgelehnt werden. Dies sind unter anderem Leiharbeiter, Arbeiter mit einem befristeten Arbeitsvertrag oder auch Personen in der Probezeit. All diese werden von Banken abgelehnt, weil nicht klar ist, wie viel und ob sie überhaupt etwas in der Zukunft zu zahlen in der Lage sind.

Wer also einen Kredit vergeben möchte, muss sich dessen immer bewusst sein. Die Prüfung der Kreditnehmer erfolgt mehr im Hinblick auf dessen Risikoeinstufung denn mit dem Gedanken, sie abzulehnen. Selbst Kreditnehmer mit negativer Schufa werden schon auf den Seiten beruhigt und ihnen wird erklärt, dass sie es gern einmal probieren sollen, einen Kredit zu bekommen. Die letztendliche Entscheidung trifft schließlich der Kreditgeber. Den kann man entsprechend mit einer guten Darstellung seiner Situation überzeugen.

Dass die Plattformen dabei die ganz harten Fälle, die Personen mit Titeln gegen sich oder Insolvenzen, ablehnen, versteht sich von selbst. Niemand würde in einen solchen Fall investieren. Wer aber genauer schaut, wird auf den Seiten extra Einladungen für sogenannte „schwierige Fälle" entdecken.

Als Investor trägt man das Risiko eines Zahlungsausfalles selbst. Daher ist es wichtig zu wissen, dass die Plattformen nicht nur sichere Kandidaten zulassen. In anderen Worten, als Investor sollte man sich nicht auf die Prüfung der Plattformen verlassen. Es gilt vielmehr, dass man seine eigene Bank sein muss. Man muss also selbst eine Prüfung der Kreditnehmer vornehmen. Das kann jedoch schwer werden, denn die Plattformen dürfen ihre Information über die Kreditnehmer nicht weitergeben. Die Kreditnehmer selbst bestimmen, wie viel sie dem Kreditgeber mitteilen. Für die Kreditgeber ist es also umso wichtiger, die Beschreibungen der Kreditwünsche genauestens zu lesen und daraufhin zu prüfen, ob etwas darin nicht stimmt. Wie bei den mitunter komplizierten Bankangeboten, so gilt auch hier, wer ein schlechtes Gefühl hat, sollte von einer Investition Abstand nehmen.

Wer investiert in P2P-Kredite

Ebenso unterschiedlich wie die Kreditnehmer sind die Kreditgeber. Die Grundidee der P2P-Kredite ist, dass sowohl die Kreditnehmer als auch die Kreditgeber Privatpersonen sind. Wie aber schon festgestellt, sind zumindest einige Kreditnehmer Start-up-Unternehmen, also nicht Privatpersonen, sondern Gewerbetreibende. Ebenso sind die Investoren neben Privatpersonen mitunter auch Unternehmen. Das Problem hierbei ist, dass weder die Plattformen noch das deutsche Recht dies gerne sieht.

Für das deutsche Recht liegt das Problem darin, dass das gewerbliche Geldverleihen lizenzpflichtig ist. Man möchte eine Übersicht über den Finanzmarkt behalten und gewisse Fehlentwicklungen, wie zum Beispiel Wucherzinsen oder Geldwäsche, vermeiden. Für die Plattformen liegt das Problem darin, dass sie sich strafbar machen, wenn sie solchen nicht-lizensierten gewerblich Geld verleihenden Unternehmen einen Kreditnehmer vermitteln. Daher werden die Kreditgeber und ihr Verhalten oft daraufhin überprüft, ob sich wirklich eine Privatperson hinter dem Account verbirgt.

Auch die Privatpersonen als Kreditgeber unterscheiden sich einer von dem anderen. Die Unterschiede liegen weniger in der Herkunft, sondern mehr in den Motiven und in der Vorgehensweise.

Grundsätzlich haben die Kreditgeber Geld. Sie kommen oft aus der Mittelschicht. Vermögendere Personen bevorzugen nach wie vor das klassische Bankgeschäft. Das macht für sie auch Sinn. Wer eine große Vermögensmasse auf P2P-Plattformen einbringen möchte, verzettelt sich allzu leicht und verliert den Überblick. In Banken hat man dafür einen entsprechenden Berater und man überlässt es ohnehin größtenteils der Bank, wie sie das Geld anlegt. Das bringt die Sicherheit, dass die Bank das Risiko eines Zahlungsausfalls trägt und der Anleger sich nicht wirklich um seine Anlagen kümmern muss. Wer in dieser Vermögensklasse dennoch gerne selbst anlegt, hält sich eher an den Aktienmarkt. Daher fällt diese Schicht aus der Betrachtung heraus.

Die unteren Einkommensschichten können zwar über die Zeit entsprechende Vermögen ansparen, doch diese werden oft in längerfristige Sparanlagen gesteckt. Damit vermeidet man für sich die Verwaltung des Geldes und das Risiko von Investitionen. Wer jahrelang auf sein kleines Vermögen spart, sieht es nicht gern mit einer schlechten Geldanlage verschwinden. Die Machenschaften der Banken in den letzten Jahren, die die Rettung durch den Staat nötig machte, hat das Vertrauen in die Banken nicht gerade gestärkt. Dass P2P-Kredite gar nichts mit den klassischen Banken zu tun haben, wird dabei oft übersehen und alles in einen Topf geschmissen. Daher fällt auch diese Schicht aus der Betrachtung.

Übrig bleibt nur noch die Mittelschicht. Diese hat oft genug Geld zur Verfügung, um Investitionen zu tätigen, aber nicht genug, um sich mit Gold, Immobilien oder Wertpapieren für immer selbstständig zu machen und von seinem Job zu verabschieden. In anderen Worten, die Mittelschicht übernimmt die Position der klassischen Kreditgeber von vor hunderten von Jahren. Sie erarbeiten sich ihr Geld mit ihrer eigenen Leistung und sehen es in der heutigen Zeit dank der Inflation langsam verschwinden. Dass die Bankzinsen derweil dank der niedrigen Leitzinsen auf einem Rekordtief sind, verstärkt nur die Motivation, etwas zu unternehmen.

Wie beim klassischen Kreditgeber, so ist auch bei der heutigen Mittelschicht die Arbeitsleistung ausgeschöpft. Entweder wollen oder können sie nicht mehr arbeiten, um mehr Geld zu erwirtschaften. Das lässt nur die Möglichkeit, das Geld selbst arbeiten zu lassen. Da die Sparanlagen fast nichts mehr bringen, müssen eben andere Wege her.

Es ist aber nicht nur das Rekordtief, das die Sparanlagen so unattraktiv macht. Es ist auch die Enttäuschung, die sie von den Banken erlebten. Anstatt die verantwortungsvollen, das Geld verwaltende Institute zu sein, entpuppten sie sich in den Augen besagter Mittelständler als geldgierige Raubtiere ohne Moral oder Beherrschung. Nun, wie gesagt, dieses Bild mag weder ganz trügen noch ganz der Wahrheit entsprechen. Wie dem auch sei, die Mittelständler mit Geld zum Investieren, aber nicht zum Verlieren, wollen etwas anderes. Sie wollen die Kontrolle über ihr Geld zurück. Anstatt also das Geld bei einer Bank abzugeben, die es dann im eigenen Sinne und nach eigenem Gutdünken einsetzt, wollen sie selbst bestimmen, wer es zu welchen Konditionen erhält. Diese Mittelständler wenden sich nun den P2P-Krediten zu.

Nach dem negativen Motiv, dem Unwillen das eigene Geld weiterhin der fraglichen Obhut einer Bank zu überlassen, haben diese Mittelständler vor allem positive Motive. So sehr das negative Motiv in vielem gleich sein mag, so unterschiedlich können die positiven Motive sein.

Einige der Investoren setzen ihr Geld für P2P-Kredite vor allem um der Zinsen willen ein. Die Zinsen der Banken sind niedrig. Selbst für ein Festgeldkonto gibt es nicht mehr viel. Auf den P2P-Plattformen kann man jedoch mehr als 7, mitunter sogar mehr als 8 oder 9, Prozent pro Jahr bekommen. Das setzt ein wenig Risikofreude voraus, doch wer seine Noten kräftig streut, sollte einigermaßen sicher sein. Diese Investoren, denen es nur auf das Geld ankommt, unterscheiden sich noch einmal in die Sicherheitsbewussten und die ganz Unbekümmerten. Die Sicherheitsbewussten stöbern die verschiedenen Kreditanfragen durch, immer auf der Suche nach dem besonders vertrauenswürdigen Kreditnehmer. Dieser sollte am besten eine schlechte Risikoeinstufung haben, sich aber durch eine gute Beschreibung seines Bedarfes oder Projektes auszeichnen. Er hat wahrscheinlich einen Fehler beim Ausfüllen des Formulars gemacht und ist in eine schlechte Risikoklasse gerutscht. Dadurch kann man von ihm hohe Zinszahlungen bei gleichzeitig großer Rückzahlungssicherheit erwarten. Sie entwickeln dabei so etwas wie Jagdinstinkt. Die Suche nach dem richtigen Kreditnehmer wird zu einem Spiel, ähnlich einem Spiel auf dem Smartphone oder Computer, aber mit dem Unterschied, dass hier richtiges Geld erwirtschaftet wird. Sie ähneln dabei den Investoren, die in der Zeit des Aktienhypes mit dem Headset am heimischen Computer saßen, immer online waren und immer die neuesten Kurse im Blick hatten.

Die Unbekümmerten lassen schon nach wenigen Tagen den Portfoliobuilder die Arbeit erledigen. Sie mögen noch hin und wieder einmal seine Arbeit überprüfen, doch für sie ist eine P2P-Plattform im Grunde nur eine neue Form von Bank. Sie akzeptieren das höhere Risiko, dass sie selbst ihr Geld im Falle eines Zahlungsausfalles verlieren, im Gegenzug für eine höhere Rendite. Das Ganze ist eine simple Rechnung für sie.

Neben den zinsmotivierten Anlegern gibt es die moralisch motivierten Investoren. Diese erhalten ein positives Gefühl von dem Umstand, dass sie nicht einfach nur Geld investieren, sondern damit auch jemandem helfen. Auch sie stöbern möglichst oft die einzelnen Kreditwünsche durch. Sie lesen aufmerksam und sind immer auf der Suche nach dem besonderen Kreditnehmer. Anders als die nach Zinsen Strebenden, wollen die moralisch angetriebenen Investoren nicht den Kreditnehmer mit der höchsten Gewinnaussicht, sondern mit der emotionalsten Geschichte. Die geldgetriebenen Investoren suchen nach der sicheren Anlage mit hohen Zinsen. Die moralisch getriebenen Investoren suchen nach der einsamen Frau ohne Familie, die sich einer Operation unterziehen muss oder der alleinerziehenden Mutter, die ihrem Kind neue Schulbücher kaufen möchte. Es kommt auf die soziale Komponente an. Es wirkt fast wie ein soziales Netzwerk der Bedürftigen.

Zwischen diesen extremen Fällen bewegen sich die Gelegenheitsinvestoren. Sie stecken nur mal hin und wieder etwas Geld in die P2P-Plattformen. Weder sind sie einem hohen Gewinn gegenüber abgeneigt, noch zu hart gegenüber einer mitreißenden Geschichte. Sie streuen ihr Geld mal hier, mal da und bilden dabei interessanterweise die sicherste Gruppe in diesem Investitionssystem. Sie wollen nur etwas Neues ausprobieren. Die Motivation ist dabei auf dem ersten Blick komplex, doch im Grunde genommen simpel. Sie sind nicht von den Banken überzeugt, haben genug von den Geschichten über Schrottimmobilien und sind zu spät für den Goldmarkt. Auf den P2P-Plattformen können sie mit kleinem Geld anfangen und sich je nach Erfolg hocharbeiten. Sie können also mit dem Erfolg wachsen oder im schlimmsten Fall nur ein wenig Geld verlieren. Nach ihrer Einstellung verliert man mit einer Schrottimmobilie viel Geld, mit einem Schrottkredit aber nur wenig Geld. Es ist also das Neue gepaart mit dem doch geringen Verlust, sollte sich das Risiko doch mal materialisieren. Anstatt eines alles oder nichts folgen sie also nur der Gelegenheit und nur insofern, als dass sich Versprechungen bewahrheiten. Falls nicht, dann lassen sie ebenso schnell wieder ihre Finger davon. Diese Freiheit des Denkens, diese Flexibilität und die Abkehr vom Absoluten, sei es der absolute Gewinn oder die absolute Unterstützung eines anderen, macht ihre Vorgehensweise so sicher.

Wie sicher sind P2P-Kredite

Die Geschichte der Banken und der Geldverleiher hat drei klar bestimmte Kriterien hervorgebracht, die einen Kredit, wenn es daran mangelt, sicher machen oder eben nicht. Jeder Anwalt, jeder Banker und jeder erfahrene Geschäftsmann kann diese drei Kriterien herunterbeten. Anwälte lernen sie im Jurastudium, Banker in ihrem Bankstudium und Geschäftsmänner aufgrund ihrer Erfahrung. Doch was sind diese drei Kriterien und warum gerade diese und wie sind sie in P2P-Krediten zu finden?

Das erste Kriterium ist die Sicherheit. Ja, jeder weiß es, wenn man einen Bankkredit möchte und ein Haus zur Sicherheit einsetzen kann, ist man klar im Vorteil. Wie jeder Jurastudent und jeder Banker weiß, geht es dabei weniger um das Haus selbst. Banken wollen diese Häuser nicht. Sollte ein Kredit nicht bedient werden, beginnt nämlich eine lange und mühsame Reise.

Zuerst muss dem Kreditnehmer Zahlungsverzug nachgewiesen werden. Dann muss man ihm die Zahlungsunfähigkeit beweisen und das muss auch vor Gericht standhalten. Ja, die Bank muss vor Gericht gehen. Ist das Ganze dann geschafft, ist die Bank aber immer noch nicht im Besitz ihres Geldes. Dafür hat sie nun das Haus zugesprochen bekommen. Das Haus muss verkauft werden, was oft schwierig genug ist. Bis zum Verkauf des Hauses muss die Bank sich darum kümmern, was nur weitere Kosten verursacht. Nein, die Banken wollen wirklich nicht das Haus. Selbst wenn man all diese Belastungen ausblendet, ist es einer Bank im Zuge einer Zwangsversteigerung kaum möglich, den vollen Betrag des Kredites herauszubekommen. Falls sie ihn doch bekommt, gut. Bekommt sie mehr, muss sie dieses mehr an den Kreditnehmer auszahlen. Meistens bekommt sie jedoch weniger und muss dann wieder prozessieren. Diesmal geht es um die anderen Besitztümer des Kreditnehmers. Warum aber verlangen die Banken die Häuser als Sicherheit, wenn sie sie nicht wirklich wollen und sie ihnen sogar noch Kosten verursachen?

Die Antwort ist dreierlei. Erstens wollen sie beim Abschluss des Kredites dem Kreditnehmer den Ernst der Lage verdeutlichen. Niemand möchte seine eigenen vier Wände so mir nichts, dir nichts verlieren. Daher überlegen sie es sich zweimal, ob sie einen Kreditvertrag abschließen. Es geht also darum, dass der Kreditnehmer nur dann den Kredit abschließt, wenn er auch wirklich sicher ist, dass er ihn bedienen kann.

Zweitens wollen die Banken erreichen, dass ihr Kreditnehmer sich auch in schwierigen Lagen wirklich Mühe gibt, den Kredit zu bedienen. Anstatt sich also zurückzulehnen und einen „auf arm zu machen", soll der Kreditnehmer motiviert werden, das Geld irgendwie zu beschaffen. Dies kann durch einen neuen Job, den Verkauf von Eigentum oder dem Aufnehmen eines Kredites bei einer anderen Bank sein.

Der dritte Grund ist, dass die Bank im Falle des Falles vielleicht wirklich bei einer Zwangsversteigerung ihr Geld zurückbekommt. Darum wird normalerweise auch eine Sicherheit mit einem weit höheren Wert als die Kreditsumme verlangt.

Das zweite Kriterium sind Bürgen. Bürgen sind für die Bank nicht so sehr eine Motivation wie eine Sicherheit, sondern es geht mehr um die Verhinderung eines anderen, manchmal gern unternommenen Betruges. Man stelle sich das einmal anhand eines kleinen Beispiels vor. Da ist ein Anwalt, womöglich nicht mehr so jung. Besagter Anwalt ist sehr clever. Er findet einen fast legalen Weg, eine Menge Geld zu machen. Er ist vielleicht in seiner Praxis nicht so erfolgreich. Daher geht er zur Bank. Er leiht sich dort vielleicht 100.000 €. Als Anwalt ist man ja gern gesehen in einer Bank. Nun hat besagter Anwalt eine Frau. Er überschreibt seiner Frau das Geld und schließt seine Anwaltspraxis. Da diese ohnehin nicht so erfolgreich war, überrascht das niemanden. Als nächstes meldet er Insolvenz an. Dank der Bestimmungen für Insolvenzen in Deutschland kann er dann, nach einem Nachweis über seine Zahlungsunfähigkeit, bald wieder schuldenfrei sein. Dank geschlossener Anwaltspraxis ist er wirklich zahlungsunfähig. Dank seiner Frau ist er jedoch nicht arm. Die Bank aber kann aufgrund der Gesetzeslage diese Frau nicht aufgrund eines Kreditvertrages, den sie mit ihrem Mann hat, verklagen. Daher gehen Banken solche Kreditverträge nur ein, wenn die Frau als Bürge mit ins Boot geholt wird. Nun kann die Bank aufgrund der Bürgschaft das Geld von der Frau des Anwaltes verlangen.

Bei einer Bürgschaft ist aber auch die Motivation nicht ganz unwichtig. Dies ist immer dann der Fall, wenn der Kreditnehmer noch recht jung und die Bürgen dessen Eltern sind. Hier ist der Gedanke, dass die Eltern ihre Kinder schon tüchtig dazu drängen, ihren Kredit zu bedienen. Falls nicht, dann haben die älteren Herren und Damen dann schon eher das Geld, um den Kredit zu bezahlen. In jedem Fall aber ist es sehr viel einfacher, bei einer Bank über eine Bürgschaft an ihr Geld zu kommen, denn über eine Sicherheit.

Das dritte Kriterium ist die Bonität des Kreditnehmers. Die Bonität lässt sich über mehrere Wege feststellen. Am besten ist der Kreditnehmer jemand mit einem festen Arbeitsplatz. Diesen sollte er schon über Jahre hinweg innehaben und dort sollte er ein ordentliches Gehalt bekommen. Als Beweis dienen Gehaltsabrechnungen und Arbeitsverträge. Dazu kommen noch Informationen über die finanzielle Situation im Moment der Antragstellung. Hat der zukünftige Kreditnehmer schon eine Menge ausstehender Kredite oder Zahlungsverpflichtungen, befindet er sich tief in seinem Dispokredit? Hat er eine Vorgeschichte über eine laufende und unkontrollierte Verschuldung? Ein guter Kreditnehmer jedenfalls hat das nicht.

Kennt man diese drei Kriterien, dann ergeben sich die sicheren Kredite ganz von allein. Am besten und sichersten ist ein Kredit für eine Person mit einem guten Einkommen, mindestens einem Bürgen und einem Haus als Sicherheit. Hier kann man sein Geld guten Herzens und mit Vertrauen anlegen. Das Geld und die Zinsen kommen mit Sicherheit zurück.

Die Frage ist nun, findet man solche Klasse A+ Kreditnehmer auf P2P-Plattformen? Die Antwort ist ein klares NEIN.

Kreditnehmern auf P2P-Plattformen ist es nicht möglich, ein Haus oder etwas anderes als Sicherheit einzusetzen. Sie mögen es vielleicht wollen. Sie mögen diese Sicherheiten vielleicht sogar haben. Die Plattformen erlauben es jedoch nicht. Man sollte nicht vergessen, dass kein Vertrag zwischen dem Kreditgeber und Kreditnehmer geschlossen wird. Der Vertrag kommt zwischen der Plattform und dem Kreditgeber und zwischen der Plattform und dem Kreditnehmer zustande. Selbst dann, wenn ein Kreditnehmer in der Beschreibung seines Kreditwunsches einen Einsatz von Sicherheiten verspricht, wird diese Sicherheit nicht rechtswirksamer Bestandteil eines Vertrages. Bei einem Zahlungsausfall kann man sich also nicht darauf berufen.

Ebenso wenig wie eine Sicherheit kann ein Kreditnehmer einen Bürgen einsetzen. Der kleine Trick mit dem Überschreiben des Geldes an den Ehepartner kann also funktionieren. Gut, es gibt andere Gesetze, die das verhindern sollen. Das Problem ist jedoch, dass es die Plattform wahrscheinlich nicht so sehr kümmert und der Kreditgeber nicht einmal weiß, wer sein Kreditnehmer überhaupt in Wirklichkeit ist.

Dann bleibt da noch die Bonität. Doch auch hier sieht es finster aus. Während einige der Kreditnehmer wahrscheinlich eine gute Bonität haben, verfügen die meisten nicht darüber. Das ist kein Zufall. Die Werbung und die Versprechungen der Plattformen zielen nämlich genau auf die Gruppe der Kreditnehmer ohne ausreichende Bonität. Da werden Kredite für Personen versprochen, die über keine feste oder sichere Anstellung verfügen. Darunter sind neben den Studenten auch Unternehmen am Start, Leiharbeiter, Hartz-IV-Empfänger und Arbeiter in der Probezeit. Selbst vor der Anwerbung von „schwierigen Fällen", so die Bezeichnung auf den Plattformen, wird nicht zurückgeschreckt.

Gut, bloß weil jemand Leiharbeiter ist oder sich in der Probezeit befindet, ist er oder sie noch lange kein schlechter Mensch. Es ist auch durchaus wahrscheinlich, dass diese Person von der Probezeit in die Festanstellung wechselt oder vom Leiharbeiter zu einem Arbeiter mit unbefristetem Vertrag wird. Selbst ein Hartz-IV-Empfänger mag in der Lage sein, einen Kredit zu bedienen. Dies ist jedoch eine deutlich andere Wahrscheinlichkeit als bei den A+ Kandidaten.

Man muss sich dieses Wissen nun einfach nochmal vor Augen führen. Die P2P-Plattformen zielen konkret auf Fälle ohne ausreichende Bonität. Selbst eine negative Schufa-Auskunft, wie schon zuvor gesehen, verhindert nicht eine Kreditanfrage. Dazu kommt, dass die Warnfunktionen von Sicherheiten und die Sicherheit von Bürgschaften nicht gegeben sind. Dazu kommen weiterhin die unbekannte Identität und bei einigen Plattformen ein „sollte ehrlich"-Prinzip.

Ein anderer Vorteil von Banken ist der Eindruck, den sie machen. Schon allein der Gang zu einer Bankfiliale flößt Respekt ein, dazu kommt noch die Bereitstellung von Dokumenten, am besten im Original. Auf den P2P-Plattformen gibt es aber auch selbst diese Warnfunktion oft nicht. Der Kreditnehmer sitzt vor seinem Computer und im besten Fall scannt er die Dokumente ein. Im schlimmsten Fall soll er einfach nur mal eben ehrlich sein.

Wie sicher sind diese Kredite? Wahrscheinlich sind nicht alle Kreditnehmer schwarze Schafe. Wäre dem so, dann würde keine P2P-Plattform überleben. Dennoch handelt es sich bei den Krediten eben gerade um die Kandidaten, die von den Banken oftmals aus gutem Grund abgelehnt werden.

Nachdem all das in Erwägung gezogen wurde, offerieren zumindest manche der Plattformen eine Restkreditversicherung. Das klingt sicher und damit wird natürlich auch geworben. Die Versicherung soll dann einspringen, wenn der Kreditnehmer nicht zahlen kann. Da gibt es aber ein kleines Problem oder, um genauer zu sein, einige kleine Probleme.

Zum ersten muss die Restkreditversicherung überhaupt erst einmal greifen. Das tut sie schon mal dann nicht, wenn der Kreditnehmer ein

Selbstständiger ist. Als Arbeitnehmer muss er einen unbefristeten Arbeitsvertrag vorweisen und seit einiger Zeit in diesem Arbeitsverhältnis gearbeitet haben. Deutlicher gesagt, er muss ohne weiteres einen Kredit bei einer Bank bekommen können. Noch schlimmer gesagt, er darf nicht der Hauptzielgruppe der Kreditnehmer der P2P-Plattformen angehören. Zusätzlich muss ein Kreditnehmer eine solche Restkreditversicherung überhaupt abschließen. Dazu ist er keineswegs gezwungen. Schließt er sie jedoch ab, kostet ihn das bis zu 20 Prozent der Kreditsumme. Viele werden es sich da zweimal überlegen, ob sie eine solche Versicherung wollen. Die Kreditgeber haben auf diese Entscheidung keinen Einfluss.

Damit nicht genug. Hat ein Kreditnehmer einen Kredit bei einer Bank aufgenommen und kann diesen nicht bedienen, lassen sich mitunter Lösungen finden. Dies kann eine geringere Höhe der Raten bei einer längeren Rückzahlungsdauer sein oder aber eine kurzfristige Stundung. In beiden Fällen verdient die Bank mehr Zinsen und Gebühren. Eine Plattform kann das jedoch nicht. Auf den ersten Blick sollte es möglich sein, denn die Plattform oder deren Partnerbank hat einen Vertrag mit dem Kreditnehmer abgeschlossen. Wer einen Vertrag abschließt, kann ihn auch ändern. Dummerweise jedoch ist besagte Plattform auch gegenüber den Kreditgebern vertraglich verpflichtet. Da die Kredite in 25 € Noten ausgegeben werden, kann es sich um eine größere Anzahl von Kreditgebern pro Kreditnehmer handeln. Die Plattform ist jedem einzelnen gegenüber verpflichtet, den Kredit zu den ursprünglichen Konditionen einzutreiben und die Raten entsprechend verteilt weiterzuleiten. Eine Änderung der Raten oder Laufzeit beziehungsweise eine Stundung ist unter diesen Umständen nicht möglich. So führt jeder noch so kleine Verzug zu einer Kündigung des Kredites mit all den juristischen Folgen und Umständlichkeiten. Für den Kreditgeber bedeutet das, zu warten, bis alles abgesichert, eingetrieben und zwangsversteigert ist und für den Kreditnehmer bedeutet das eventuell den Bankrott.

Eine Sache wäre da noch. Wenn man sein Geld auf eine Bank bringt und die Bank sich verspekuliert und Pleite geht, sind die Spareinlagen der Privatbürger bis zu einer gewissen Höhe abgesichert. Man kann also auch dann noch sein Geld zurückbekommen, wenn die Bank das ihre und somit das eigene Geld bereits verloren hat. Das ist echte Sicherheit für den Kleinanleger. Für den kleinen Kreditgeber auf der P2P-Plattform jedoch ist das keine Hilfe. Der Einlagensicherungsfonds greift hier nicht, denn man hat sein Geld ja nicht als Spareinlage auf einer Bank deponiert, sondern als Anlage in einen Kredit investiert. Ein Zahlungsausfall schlägt also bis auf das eigene Vermögen durch.

Zusammengefasst lässt sich somit sagen, dass der einzelne Kredit keineswegs sicher ist. Neben Unehrlichkeiten, unzureichenden Überprüfungen und der gezielten Anwerbung unsicherer Kreditnehmer tritt die Unmöglichkeit von Sicherheiten, Bürgschaften und Anpassungen der Kredite in Fällen von weniger schwerwiegenden Problemen. Dazu kommen eine Einlagensicherung, die hier nicht hilft, und eine Restkreditversicherung, die oftmals nicht greift oder erst gar nicht abgeschlossen wird.

Warum sollte man in P2P-Kredite investieren

P2P-Kredite sind gut für eine Investition, wenn sie klare Vorteile gegenüber anderen Investitionen bieten. Wenn Investitionen nur eine gefährliche Spielart des Finanzmarktes sind, sollte man sie nämlich besser meiden. Vor dieser Frage jedoch sollte man klären, warum eine Investition als solche überhaupt wichtig ist.

Investiert man sein Geld nicht und gibt es nicht aus, dann spart man es automatisch. Wer sein Geld auf sein Bankkonto oder daheim versteckt spart, verliert es jedoch über die Zeit hinweg. Während das Geld selbst zwar nicht abhandenkommt, so verliert es doch beständig an Wert. Um dem entgegenzuwirken, sollte man es arbeiten lassen, es also investieren. Der Punkt ist, dass das Geld Einnahmen bringen muss und die Einnahmen zumindest so hoch wie die Inflation sein müssen. Will man sein Geld vermehren, sollten die Einnahmen sogar höher als die Inflation ausfallen. Es lässt sich also feststellen, dass eine Investition als solche schon wichtig ist. Nun stellt sich die Frage, warum in P2P-Kredite?

Die Banken machen Geld, indem sie Geld verleihen. Wer Geld verleihen will, muss welches zum Verleihen haben. Das Geld bekommen die Banken entweder von den Kontoinhabern oder von der Zentralbank. Leihen sie es sich von der Zentralbank, müssen sie es zu einem bestimmten Zinssatz zurückzahlen. Dieser Zinssatz ist der sogenannte Leitzins. Ist der Leitzins hoch, dann ist das Geld von der Zentralbank teuer. Bankkunden, die ihr Geld in einem Sparkonto anlegen, sind dann billiger. Ist der Leitzins jedoch niedrig, dann braucht die Bank diese Sparkonten nicht. Sie setzen deren Zinsen dann auch niedrig an. Nun war es eine Politik der letzten Jahre, den Leitzins immer niedrig zu halten, damit die Unternehmen überleben können. Die Folge ist, dass die Banken auch die Zinsen für Spareinlagen niedrig halten.

Ohne eine echte Rendite bringt es jedoch wenig, sein Geld bei einer Bank anzulegen.

Sparer brauchen eine Alternative. Eine Möglichkeit sind Immobilien. Eine Investition in Immobilien ist aber meistens aufwendig. Als erstes muss man genug Geld für eine Immobilie haben. Dann muss man die passende Immobilie finden. Diese muss gekauft, eingetragen und danach noch instandgehalten werden. Vielleicht will man die Immobilie noch vermieten, dann kommt noch mehr Aufwand auf einen zu. Dann sind da die Gefahren. Immobilienpreise können fallen. Manche Mieter sind richtig schlimm. Anstatt Miete zu zahlen, wirtschaften sie nur das Mietobjekt herunter. Einige der Immobilien sind wahre Schrottimmobilien. Man investiert eine Menge Zeit und Geld und verliert dann womöglich doch nur alles. Daher kommen Immobilien für viele nicht in Frage.

Eine andere Anlageform ist Gold. Aber auch hier gibt es Probleme über Probleme. Manchmal geht der Goldpreis explosionsartig nach oben, oft aber nicht. Gold bringt keine Zinsen. Gold muss man irgendwo lagern. Lässt man es in der Bank, bringt das nur noch weitere Kosten. Es ist daher unsicher, denn man kann kaum abschätzen, wie schnell man wie viel bekommt oder ob man nicht doch langsam damit verliert. Im Gegensatz zum Haus ist es jedoch weit sicherer.

Aktien und Fonds waren einige Zeit der Renner. Dank der Finanzkrise weiß aber jeder, dass der Tag kommen wird, an dem die Kurse wieder fallen. Auch wenn es jeden Tag nur nach oben gehen mag, so ist das doch nur eine Blase. Hat man keine Nerven für dieses Spiel, dann sollte man die Finger davon lassen. Ohne die richtigen Nerven verkauft man die Aktien womöglich zu früh und macht nicht den vollen Gewinn. Vielleicht wartet man aber auch zu lange und verliert nach dem nächsten Crash dann richtig. Es ist eben doch im Wesentlichen ein Spekulationsobjekt. Dummerweise kann niemand so richtig vorhersagen, wann es wieder kracht.

Was viele wollen ist ein Ersatz der Sparguthaben. Sparguthaben sind nicht spekulativ. Eine Alternative, die sich ähnlich verhält, sind Bundesanleihen. Wie Sparguthaben oder Festgeldkonten bringen sie einen festen Zinssatz für eine festgelegte Zeit. Das Dumme ist nur, dass dieser Zinssatz recht niedrig ist.

Hier kommen die P2P-Kredite ins Spiel. Diese sind wie ein Festgeldkonto. Sie haben eine feste Laufzeit und sie haben einen festen Zinssatz. Man kann sie planen und braucht sie nicht zu verwalten. Die Plattformen und die Partnerbanken übernehmen all die Arbeit. Im Unterschied zu den Festgeldkonten und Sparguthaben bringen sie eine deutlich höhere Rendite. Das kommt daher, dass die Kosten der Plattformen weit geringer sind. Sie können ohne ein teures Netz an Filialen auskommen und brauchen nicht so viele Arbeitskräfte. Der Nachteil ist, dass der Anleger das Risiko eines Zahlungsausfalles trägt.

Die Vorteile der P2P-Kredite sind damit deutlich. Sie bringen eine höhere Rendite als die klassischen Spar- und Festgeldkonten und auch die Bundesanleihen. Sie sind planbarer als das Gold. Sie bedürfen keines großen Aufwandes wie eine Immobilie und haben ein weit geringeres Risiko.

Der Nachteil der P2P-Kredite, das Risiko eines Zahlungsausfalles, kann man einschränken. Nach einer Prüfung des Kreditwunsches durch die Plattformen erhalten die Kreditnehmer eine Risikoklasse. Je nach Risiko bekommen sie dann eine höhere oder niedrigere Zinsrate. Je nach Risikobereitschaft und Gewinnstreben kann man dann die höheren oder niedrigeren Risikoklassen bedienen. Einige Plattformen ermöglichen es sogar, die Zinsrate zu verhandeln. Will man mehr Geld, verlangt man mehr Zinsen. Das erhöht aber auch gleichzeitig die Chancen eines Zahlungsausfalles. Will man lieber sichergehen, setzt man die Zinsen niedriger an. Man kann mit P2P-Krediten also die Kontrolle über sein Geld behalten und selbst entscheiden, welches Risiko man eingeht, außerdem sind die Renditen höher. Das ist der wichtigste Grund, in sie zu investieren.

Wie investiert man erfolgreich in P2P-Kredite

Eine Investition in P2P-Kredite möchte wohlüberlegt sein. Wie bereits festgestellt, sind diese Kredite nicht besonders sicher. Das gilt sowohl im Hinblick auf die finanzielle Leistungsfähigkeit des Kreditnehmers als auch im Hinblick auf die Absicherung, die nicht stattfindet oder Bürgschaften, die es nicht gibt. Hinzu kommt, dass man als Kreditgeber das Risiko eines Zahlungsausfalles selbst tragen muss. Man bindet sein Geld über Jahre hinweg und setzt dabei auf Vertrauen. Man vertraut der Plattform, man vertraut der eventuell eingeschalteten Partnerbank und man muss dem Kreditnehmer vertrauen. Dazu kommt, dass es unterschiedliche Anleger- und Kreditnehmertypen gibt. Die Kreditnehmer sind fast immer diejenigen, die bei Banken abgelehnt wurden oder mit einer Ablehnung rechnen mussten. Die Anleger sind oftmals aus dem Mittelstand und treten als Helfer, Jäger oder Gelegenheitsinvestoren auf. Alle jedoch haben etwas gemeinsam. Alle wollen mehr oder weniger Geld. Das schließt die Plattformen und Partnerbanken mit ein. Man sollte das niemals vergessen, wenn man sich für eine Anlage seines Geldes in P2P-Kredite interessiert.

Eine erfolgreiche Investition in P2P-Kredite beginnt bei der eigenen Person. Man sollte sich über einige Dinge über sich selbst, seiner eigenen Persönlichkeit und seinen eigenen Finanzen im Klaren sein. Als erstes sollte man wissen, welcher Typ Anleger man ist. Geht es um das Verdienen von Geld oder um das Helfen von Bedürftigen. Will man eben nur ein wenig Geld machen oder soll es der große Gewinn sein, damit man nicht mehr arbeiten muss.

Ist man der Helfertyp, dann sollte man sich als erstes Grenzen setzen. Welcher Art Fälle möchte man Unterstützung bieten, wem soll das Geld mit welchem Gewinn zukommen? Als Helfertyp läuft man auch schon eher mal Gefahr, in eine Falle zu laufen. Ist man wirklich gewillt, ein solches Risiko auf sich zu nehmen? Kann man es seelisch verkraften, wenn einen andere womöglich ausnutzen?

Als der Jäger muss man sich ebenso Grenzen setzen. Da es hier auf das Geld ankommt, sollte man sich eine klare Strategie überlegen, wie man es möglichst rasch erreicht. Als erstes sollte man über einiges Geld verfügen. Selbst der riskanteste Einsatz bringt weniger als 10 Prozent Rendite. Wer also mit nur 100 € anfängt, wird damit bestimmt nicht reich. Man braucht auch ein Bild des idealen Kreditnehmers. Am besten ist jemand, der die Formulare nicht richtig ausgefüllt hat. Darum befindet er sich ein einer hohen Risikoklasse. Nun durchstöbere man diese Klasse und suche sich die Fälle, deren Beschreibung eine höhere Sicherheit als die eigentliche Risikoklasse vermuten lassen.

Der Gelegenheitsanleger sollte sich überlegen, wie viel Zeit und wie viel Geld er einzusetzen bereit ist. Für ihn geht es darum, nicht zu sehr zum Helfer oder zum Jäger zu werden.

Hat man sich nun über sich selbst ein Bild gemacht, gilt es seine finanzielle Lage zu beurteilen. Vermutlich hat man etwas angespart. Wer das nicht hat, der hat auch nichts zum Investieren. Nun sollte man sich überlegen, wie viel man davon zu verlieren bereit ist. Man sollte nur die Summe einsetzen, die man ohne Probleme verschmerzen kann. Es geht nicht nach dem Prinzip Augen zu und durch. Wer das will, kann es in Aktien probieren. Man setze sich die Grenzen, solange man noch einen klaren Kopf hat. Desweiteren sollte man sich ständig ermahnen, den eigenen Grenzen und Richtlinien zu folgen.

Kennt man nun sich selbst und hat man sich seine finanziellen Grenzen gesetzt, sucht man sich die richtige Plattform aus. Die Helfer sind am besten auf Plattformen beraten, die nicht so genau mit ihren Prüfungen sind. Dort lassen sich die wirklich Bedürftigen finden. Sucht man als Helfer aber nur das schüchterne Mütterchen, das sich und ihre Kinder ernähren will, findet man die bestimmt überall. Andere Fälle, wie Spielsucht und durch erfolglose Gewerbe verschuldet, sind mehr auf den „man sollte ehrlich sein"-Plattformen. Diese Personen kennen ihre Grenzen und wissen, wie man zu genauen Prüfungen aus dem Weg geht. Das unterstellt natürlich nicht automatisch irgendwelche bösen Absichten.

Die Jäger sollten sich nach den Seiten umsehen, die die höchsten Zinsen verlangen und an ihre Kreditgeber weitergeben. Nicht jeder Zinssatz, der angegeben wird, erreicht auch wirklich den Anleger. Oft genug werden davon erst noch die Gebühren der Plattform abgezogen. Für die Jäger ist es daher besonders wichtig, die Art der Gebührenzahlung, die Prozente und die Zahlungen auseinanderzuhalten und zu vergleichen. Sie sollten dort ihr Geld unterbringen, wo am meisten für sie herumkommt.

Die Gelegenheitsinvestoren wollen Geld, aber sind nicht nur auf den Nettogewinn aus. Sie mögen auch ein wenig helfen wollen und sie wollen vor allem ihr Geld auch wirklich zurück. Für sie sind die Plattformen interessant, die den Kreditnehmern die höchsten Hürden setzen. Das schreckt die schlechten Kandidaten ab und sorgt zumindest ein wenig für Sicherheit. Sie können sich auch darüber informieren, wie im Falle des Zahlungsverzuges vorgegangen wird. Bieten Plattformen irgendwelche Arten von Anpassungsmechanismen, erhöht das die Chancen einer erfolgreichen Rückzahlung.

Ist die richtige Plattform gefunden, geht es um die richtige Vorgehensweise. Die ist am einfachsten für die Helfer. Ihnen ist der Gewinn oder auch nur die Rückzahlung des Geldes weniger wichtig. Daher können sie sich ruhig auch mal verspekulieren. Für die Helfer ist es also nun an der Zeit, die Kreditwünsche durchzulesen. Wichtig ist, die Geschichten zu verstehen und auf Unstimmigkeiten zu durchleuchten. Man will ja helfen, aber man will sich nicht abzocken lassen. Unstimmigkeiten sind immer ein Anzeichen für Lügen. Daher gilt: Was einem nicht Geheuer vorkommt, darin sollte man nicht investieren. Ansonsten gilt es, nicht den selbst gesetzten Rahmen zu überschreiten und seinem Gefühl zu vertrauen. Zur eigenen Sicherheit sollte man jedoch nicht nur in ein Projekt investieren. Keine Bange, ist der Anfang erst einmal gemacht, finden sich schnell andere, die in das gleiche Projekt anlegen. Das kann mitunter innerhalb von nur wenigen Stunden geschehen.

Die Jäger sollten sich ähnlich der Helfer ebenfalls auf die Suche nach dem richtigen Projekt machen. Das Beste ist eine hohe Risikoklasse. Innerhalb dieser Klasse lohnen sich die Projekte, die gute Rückzahlungschancen aufweisen. Woran man die erkennt? Am besten handelt es sich um jemand, der kein Geld hat, aber bald welches bekommt. Dieser jemand sollte auch gewitzt sein und dadurch überzeugen. Wer hat kein Geld? Leute mit Schulden, Leute mit Schicksalsschlägen und Jungunternehmer. Wer bekommt bald Geld? Erfolgreiche Jungunternehmer, besonders dann, wenn er gewitzt ist. Woran man dessen Schlauheit erkennt? Jemand mit Verstand kann sich ausdrücken. Je cleverer er ist, desto besser kann er sein Projekt, genauer gesagt, sein Unternehmen, beschreiben. Je nach Unternehmen kann man abschätzen, welche Gewinnchancen er hat. Je nach seiner Schlauheit kann man sehen, wie wahrscheinlich sein Erfolg ist. Je nach innerer Konsistenz seiner Ausführungen kann man sehen, ob er lügt, übertreibt oder einfach ehrlich ist. Dem ehrlichen Kreditnehmer mit klarem Verstand und der Idee mit guten Gewinnchancen, dem kann man sein Geld anvertrauen. Andere vertrauenswürdige Kandidaten sind Arbeitnehmer in der Probezeit. Die meisten Arbeitnehmer werden danach in die Festanstellung übernommen. Daher ist das Risiko hier weniger hoch. Nicht empfehlenswert sind befristete Arbeitsverhältnisse. Auch wenn einige davon verlängert werden, weiß man nie sicher, ob dies geschieht. Nach der dritten Verlängerung ist die Befristung von Rechts wegen nicht mehr möglich. Daher wird danach entweder nicht mehr verlängert oder ein unbefristeter Vertrag beginnt. Das ist eine fifty-fifty-Chance. Ein Risiko von 50 Prozent ist ein sehr hohes Risiko.

Für den Gelegenheitsanleger lohnt sich eine zweigeteilte Vorgehensweise. Da sich die P2P-Kredite hier nur als eine weitere Anlageform verhalten, es also keineswegs auf die soziale Komponente oder den höchstmöglichen Gewinn ankommt, kann der Gelegenheitsanleger mal selbst das Geld verteilen und mal den Portfoliobuilder die Arbeit machen lassen. Den Portfoliobuilder setzt man dabei am besten auf die niedrigste oder die zwei niedrigsten Risikoklassen. Man sollte ihm aber nicht alles Geld anvertrauen. Mit ein wenig Stöbern findet man bestimmt das eine oder andere besondere Projekt. Für das sollte man sich ein wenig Geld zurückbehalten, damit man es selbst in ein solches, besonderes Projekt stecken kann. Als besondere Projekte kann man sich in den sicheren Gefilden der unteren Risikoklassen umsehen oder auch mal etwas wagen und die höheren Risikokredite besuchen.

Neben den besonderen Vorgehensweisen, je nach Anlegertyp, gibt es noch einige generelle Regeln zu beachten. Die erste Regel ist, dass man nicht allen Geschichten trauen sollte. Als zweite Regel gilt, dass man nie seine selbstgesteckten Grenzen vergisst. Besonders in finanzieller Hinsicht bringt es nichts, sein ganzes Vermögen zu investieren, nur um dann mit einem halben Vermögen dazustehen.

Weiterhin bleibt zu bedenken, dass man sein Geld für einige Jahre bindet. Selbst wenn alles gut geht, alles Geld und alle Zinsen gezahlt werden, sieht man doch sein Geld eben erst sehr viel später wieder. Bei einer Bank ist es mitunter möglich, Sparverträge vorzeitig zu kündigen. Man macht dabei vielleicht einen Verlust, aber man bekommt seine Finanzmittel wieder zur Verfügung gestellt. Man kann also auf Eventualitäten reagieren. Bei einem P2P-Kredit jedoch kann nur der Kreditnehmer eine vorzeitige Rückzahlung in die Wege leiten. Kreditgebern ist das nicht möglich. Man sollte also zumindest so viel zurückbehalten, dass man selbst nicht später um einen Kredit bitten muss.

Apropos vorzeitige Rückzahlung. Dies ist ein Punkt, über den man sich genau informieren sollte, wenn man Gewinnabsichten hat. Rückzahlungen beenden den Kreditvertrag frühzeitig und verringern damit die Zinszahlungen, sprich, den Gewinn des Anlegers. Je mehr man Gewinn machen möchte, desto mehr muss man sichergehen, dass das nicht passiert. Dazu bieten die Plattformen unterschiedliche Regeln. Einige erlauben keine vorzeitigen Rückzahlungen, andere verlangen eine Gebühr und wieder andere erlauben dies gebührenfrei. Für die Jäger, und im geringeren Sinn für die Gelegenheitsanleger, lohnen sich die Plattformen mehr, die solchen Rückzahlungen einen Riegel vorschieben oder aber sie mittels besonderer Gebühren unattraktiv machen.

Eine weitere, allgemeine Regel, die überall offen diskutiert wird, ist das Streuen der Investition. Das ist natürlich richtig. Der Grundgedanke ist, sich in jedem Kredit mit nur einer Note von 25 € zu bedienen. Das ist für die Helfer vielleicht weniger wichtig, sollte aber auch von ihnen beherzigt werden. Für die Jäger erschwert es die Suche, denn sie müssen viele gute Kredite finden. Dennoch, immer nur 25 € pro Kredit ist gut. Dann verliert man im Falle eines Zahlungsausfalles nur eben diese 25 €. Die empfohlene Streuung variiert, je nachdem, wer dazu rät. Die Plattformen empfehlen mindestens 100 Kredite, auf die man sein Geld verteilen sollte. Andere gehen soweit, mindestens 200 zu verlangen. Im Grunde genommen ist es jedoch weniger wichtig, wie viele man wirklich bedient, solange es eben nur 25 € pro Kredit sind. Für Jäger kann es aber auch manchmal interessant sein, alles auf eine Karte zu setzen. Doch sei hier zur Vorsicht geraten. Wenn es gut geht, ist der Gewinn vielleicht 8 Prozent, wenn es schiefgeht, liegt der Verlust jedoch bei 100 Prozent.

Der Portfoliobuilder, der auf den Plattformen zur Verfügung steht, sollte nur mit Vorsicht genutzt werden. Er folgt einem internen Algorithmus, der manchmal schwer zu durchschauen ist. Typischerweise kann man ihn auf eine Risikoklasse einstellen und das Geld eingrenzen, dass er zur Verfügung hat. Meistens wird dann der Portfoliobuilder auf die Kredite gehen, die der Risikoklasse entsprechen und zumindest schon von einigen anderen Kreditgebern bedient wurden. Das Ziel ist, diese Kredite über den Portfoliobuilder mehrerer Kreditgeber aufzufüllen, so dass die Auszahlung vonstattengehen und die Rückzahlung beginnen kann. Der Portfoliobuilder verfolgt also weniger den eigenen Interessen, sondern mehr denen der Plattform nach schnellen Abschlüssen. Für Gelegenheitsanleger ist das gut genug. Zumindest hat schon jemand diesem Kreditnehmer vertraut und man braucht nicht lange nach gut bedienten Kreditanfragen zu suchen.

Bleibt am Ende noch die Plattform selbst zu betrachten. Wenn man sich auf ein P2P-Kreditgeschäft einlässt, erfolgt alles über eine Plattform und mitunter mit einer Partnerbank. Verschwindet diese Plattform schnell, steht man ebenso schnell im Regen. Es gibt zwar Gesetze, die einen schützen, doch wenn der andere weg ist, dann ist er eben weg. Dabei gehen die Kreditverträge oft über Jahre. Man sollte also bei der Auswahl der Plattform auch ein Auge auf deren Vertrauenswürdigkeit haben. Je länger eine Plattform im Geschäft ist, desto unwahrscheinlicher ist es, dass sie über Nacht verschwindet. Dazu kann man sich auch Kundenbewertungen auf anderen Seiten im Internet, nicht auf der Seite der jeweiligen Plattform, ansehen. Weiterhin sollte der Firmensitz der Plattform in Deutschland sein. Je mehr sich im eigenen Land befindet, desto mehr muss diese Bank auf die Gesetze achten, denn desto leichter kann man sie im Falle von Fehlern rechtlich verfolgen.

Insgesamt gesehen sollte man für ein erfolgreiches Investieren in P2P-Kredite seinem eigenen Typ folgen. Als Helfer sollten die Voraussetzungen für Kreditnehmer gering sein, damit die wirklich hilfsbedürftigen Fälle auch zugelassen werden. Als Jäger sollten die Zinsen, die an den Kreditgeber weitergereicht werden, möglichst hoch sein. Als Gelegenheitsanleger sollten die Kreditnehmer wirklich hart geprüft werden, damit man eher sichere Anlagen hat. Dann gilt es entsprechend seinem Ziel die Kreditnehmer auszuwählen. Der Plattform sollte man vertrauen können und sein Portfolio sollte man möglichst kräftig streuen. Beherzigt man all dies, sehen die Gewinnchancen nicht schlecht aus.

Welche Fehler sollte man vermeiden

Fasst man alles zusammen, was bis hier vorgebracht wurde, dann erhält man ein klares Bild von P2P-Krediten. Sie bieten höhere Renditen mit einer sozialen Komponente im Gegenzug für ein höheres Risiko, das man aber in der Höhe und den Auswirkungen beeinflussen kann. Daraus ergibt sich auch schon ganz schnell, welche Fehler man vermeiden sollte. Eine Investition in P2P-Kredite ist ein Risiko. Dieses kann man nur begrenzen, indem man nicht die Kontrolle verliert.

Bevor man mit der Investition anfängt, sollte man sich überlegen, wie viel Verlust man verkraften kann. Niemals sollte man mehr als diese Summe investieren. Während man dabei ist, die verschiedenen Kreditwünsche zu lesen, kann man das jedoch leicht vergessen. Man kennt das schon bei Ebay. Man setzt sich eine Grenze, man bietet und dann wird man überboten. Was passiert? Die meisten Leute legen nach. Das aber gilt es bei P2P-Krediten zu vermeiden. Es gibt davon viele. Die Summe des Geldes ist hoch und es ist kein Spiel. Man kann nicht einfach einen gespeicherten Spielstand laden und hat sein Geld zurück. Hat man sich auf ein Projekt festgelegt und geht etwas schief, dann ist das Geld weg. Vor dem Investieren hat man einen kühlen Kopf, währenddessen kann man ihn jedoch leicht verlieren. Darum noch einmal, man setze sich die Grenze zuvor und halte sie dann ein.

Ein anderer Fehler ist, einfach drauflos zu investieren. So wie man über sich selbst die Kontrolle nicht verlieren sollte, so sollte man auch nicht die Kontrolle über die Investitionen verlieren. Der Portfoliobuilder ist mitunter ganz gut, doch man sollte nicht nur ihm vertrauen. Portfoliobuilder sind Computerprogramme. Als solche gehen sie strikt nach den eingestellten Kriterien vor. Sie mögen schnell die Kredite finden, die schon gut bedient sind und dann nur noch einige wenige Investoren mehr benötigen. Das ist gut. Dadurch verzettelt man sich nicht auf Kreditprojekte, die nie komplett bedient werden und dann verfallen. Es gibt aber auch eine negative Seite. Portfoliobuilder werden nie die Beschreibungen verstehen. Die Beschreibungen sagen jedoch viel über den Kreditnehmer und dessen Glaubwürdigkeit aus. Mit einem Portfoliobuilder kann man dann schnell auf einem Projekt landen, in das man bewusst nie investieren würde. Auf der anderen Seite kann ein Portfoliobuilder die richtig gute Gelegenheit leicht übersehen. Nochmal, man „spielt" mit echtem Geld. Trifft der Portfoliobuilder eine falsche Entscheidung, dann ist man mitunter jahrelang daran gebunden, inklusive möglicher Verluste.

Ein weiterer Fehler ist, sich immer nur in einer Risikoklasse umzuschauen. Es ist verständlich, dass jemand immer auf Nummer sicher gehen möchte oder immer nach dem höchsten Zinssatz strebt. Ersteres jedoch bedeutet, dass man damit potentielles Geld verschenkt. Niedrige Risiken bedeuten niedrige Zinssätze. Viele der höheren Risiken bieten jedoch auch gute Rückzahlungswahrscheinlichkeiten. Man muss sich nur die Mühe machen, sie zu finden. Immer nur in den hohen Risikoklassen zu schauen, birgt dagegen oft ein zu hohes Risiko. Die meisten der Kreditnehmer in den hohen Risikoklassen befinden sich dort nämlich zu Recht. Sie sind wirklich nicht unbedingt in der Lage, den Kredit zu bedienen. Geht man also zu viel Risiko ein, kann es sich auch zu oft materialisieren.

Um die wirklich guten Kreditprojekte zu finden, geht es nicht anders, als die Beschreibungen zu lesen. Die Kreditnehmer stellen sich und ihre Wünsche darin vor. Manche von ihnen erzählen jedoch nicht unbedingt immer die Wahrheit. Anstatt also alles zu glauben, ist es mitunter besser, ein wenig misstrauisch zu sein. Man lese die Beschreibungen und Behauptungen genau durch. Man frage sich dabei, ob das alles wirklich Sinn macht. Unwahre Behauptungen kann man so schon recht schnell finden.

Hat man ein Projekt gefunden, das sich gut anhört und in das man investieren will, sollte man keineswegs zu viele Noten davon kaufen. Auch wenn sich ein Projekt gut anhört, auch wenn das eigene Gefühl einem dazu rät, dennoch bleibt ein echtes Risiko bestehen. Das ist

sogar dann der Fall, wenn sich das Projekt in einer niedrigen Risikoklasse befindet. Man weiß schließlich nie, was noch kommt. Selbst
etwas so simples wie ein Verkehrsunfall in der Familie des Kreditnehmers kann diesen auch ohne Verschulden oder böse Absicht unfähig
machen, den Kredit zu bedienen. Es geht eben um echte Menschen im
echten Leben mit echtem Geld. Daher, mit allen guten Absichten und
allem Vertrauen, es ist einfach zu gefährlich, alle Eier in einen Korb
oder alle Euro in einen Kredit zu stecken.

Fazit

P2P-Kredite sind keineswegs eine Erscheinung der heutigen Zeit. Sie haben sich über die Jahrhunderte hinweg bewährt, haben ein Bankensystem hervorgebracht und können sich neben diesen einfach nur wieder erneut etablieren. Wie so manche andere Erscheinung im Internet sind einige am Anfang skeptisch, doch das Prinzip überlebt.

Die gute Nachricht ist, dass das System sich entwickelt hat und funktioniert. Es mag Fehler haben, es mag schwarze Schafe geben, doch alles in allem haben P2P-Kredite eine erfolgreiche Geschichte über die Jahrhunderte erlebt.

P2P-Kredite folgen einer klaren Regel in der Finanzwelt: Je höher das Risiko, desto höher der Profit. Die Profite in den P2P-Krediten sind höher als bei den Banken. Das Risiko ist es auch, aber so wie die Rendite nur etwas höher ist, so ist auch das Risiko nur etwas höher, jedenfalls dann, wenn man es richtig macht. Der größte Vorteil ist, dass man selbst die Kontrolle behält. Eine Bank schließt Kreditverträge ab, ohne dass die Kontoinhaber dies beeinflussen können. Die Kreditgeber auf den P2P-Plattformen suchen sich die Kreditnehmer und deren Risikoklasse selbst aus. So können sie die ganze Zeit darüber entscheiden, ob es mehr auf das große Geld oder das kleine Risiko ankommen soll.

Um erfolgreich zu investieren, sollte man nicht zu zaghaft und nicht zu gewagt vorgehen. Zu zaghaftes Vorgehen verringert die Höhe des Gewinnes, denn sichere Kredite haben nur niedrige Zinsraten. Zu gewagtes Vorgehen hat Aussichten auf hohe Zinsen, aber dank des hohen Risikos kann der Gewinn leicht verloren gehen. Portfoliobuilder sind eine gute Hilfe, wenn man sie in Maßen einsetzt.

Auf der anderen Seite gilt es, die gröbsten Fehler zu vermeiden. Man sollte sein Geld nicht nur in einen Kredit stecken. Je mehr man streut, desto sicherer ist das Geschäft. Man sollte nicht allen Geschichten und Behauptungen in den Kreditbeschreibungen glauben. Gute Investoren sind misstrauisch. Schlussendlich sollte man niemals mehr investieren, als man zu verlieren bereit ist.

Beherzigt man all dies, dann sind P2P-Kredite nicht unsicherer als Aktien oder Immobilien, ja, sie sind oft sogar sicherer, denn die Chancen für Verluste sind dank Streuung geringer. Mit einem umsichtigen Vorgehen kann man damit gutes Geld verdienen und sogar auch noch ein wenig helfen.

www.ingramcontent.com/pod-product-compliance
Lightning Source LLC
Chambersburg PA
CBHW051721170526
45167CB00002B/751